石見 尚
Iwami Takashi

# 都市に村をつくる

「協同組合コミュニティ」に
根ざした国づくりのために

日本経済評論社

# はじめに

東日本大震災と福島の原発事故から一年余がたった。この大災害を通じて、日本人の多くが、心のなかで失っていたものをはっきりと自覚するようになった。われわれがあまりにも個人主義に走りすぎ、人間は一人では生きられないという事実を忘れていたことに気づかされたのである。そして、国家や大企業といった体制に依存することなく、市民みずからが力を合わせ、情報と資金を得つつ復興を実現する方策を模索しはじめている。しかし、その将来像はまだ見えてこない。

そもそも、二一世紀に入り、われわれが直面している政治・経済の危機は一過性のものではなく構造的な危機である。大多数の市民は、その原因が人間の手ではコントロールできないまでに巨大化した科学技術と経済の発達にあるのではないかと感じ始めている。国民が、その主権の運営を委託してきた議会制民主主義と中央集権的な政財官の構造が、すでに時代遅れになっているのではないかと考えはじめている。そして市民社会を強固な人間社会につくりかえ、それを基礎にした国家を再構築しなければ根本的解決にならないということも感じている。しかし、それを実現する方法がわからない。解決方法を議論するには、情報が不足している。

このいらだたしい思いにこたえて、本書ではまず、一九世紀から二〇世紀にかけて先人たちが真剣に論議を重ねてきた協同社会の思想をあきらかにする。「協同」という社会思想は、近代主義の陰に隠されて時代遅れの思想であるかのように取り扱われてきた。しかし、はたして「古い」の一言で片づけてよいのだろうか。なぜなら、その思想には現代社会が求めている人間の尊厳、市場経済主義を超えた連帯社会の哲学と実現方策があり、また歴史の試練を経てきた現場の知恵があるからである。

新しい協同社会づくりをめざすといっても、現実の日本の協同組合の姿からは、先行きのイメージがつかめないという不安があるのも事実である。残念ながらそれは理由のないことではない。日本の協同組合制度が経済主義中心のいわゆる「利益社会（ゲゼルシャフト）」の原理に順応するようにつくられ、運営されているからである。しかし、本当の協同組合は人間ではじまり人間で終わる社会組織であるはずである。それが徹底せず、市場経済原理によって運営されているから、資本主義経済のなかの弱小な業界、あるいは資本主義経済の補強手段以上にはみなされなくなっているのである。協同組合の主張や要求が国政を左右することはほとんどない。かつては米価闘争という政治運動があったが、その後の貿易自由化という時流のなかで、協同組合の影響力は小さくなるばかりである。

しかし、世界的に見ると、グローバル化する経済とは反対に、たとえば「ワールド・ソーシャル・フォーラム」のように連帯（ソリダリティ）の思想への回帰を声高に叫ぶ民衆運動が盛んになっている。主張だけではなく、電気エネルギーの自給を協同組合方式で実現する町村が世界各地にあらわれつつある。新しい協同社会への組み換えの試みはまだ小さいが、世界各地ではじまっているのである。日本にはそのような変革を可能にする土壌がすでにある。本書は、日本で新しい協同組合づくりを成し遂げていく可能性を確認し、協同社会の次の段階への展望を示そうとするものである。さしあたって検討しなければならないのは、連帯社会の実現形態である「協同組合コミュニティ」の建設である。

本書の構成を簡単に説明しよう。

まず序章では、協同組合コミュニティという協同社会の新しい複合体について、それを提起したA・F・レイドローの概念をとりあげる。そしてレイドロー説をさらに深化補強する方向を示唆する。

本論は三部構成になっている。

第Ⅰ部では協同組合コミュニティという思想を理論的に検討する。

第1章は、レイドローの協同組合コミュニティ論を協同組合セクター論との関係で考察する。レイドローの協同組合コミュニティ論は「都市に村をつくる」という人間性回復の社会の建設を訴えるものであるが、実は大胆な政治変革をも暗示しているように思われる。その政治的メッセージとは何か。それを探るため、レイドローが協同組合コミュニティ論を着想した背景を見ていく。

第2章は、協同社会の思想の理論的なまとめである。そこでは、社会学の不朽の名著『ゲマインシャフトとゲゼルシャフト』のなかで著者テンニエスが「附言」として追記したギルド社会主義への期待の意味を解明する。さらにさかのぼり、オットー・ギールケがゲノッセンシャフト（組合社会）を基調とする中間団体論の論理を構成したことに注目した。一九七〇年代にギールケ説を現代化したのは、英国のポール・ハーストのアソシエーション型国家論である。かれは協同組合を機軸にしたアソシエーション型国家論を展開した。

いままでの協同組合運動には、このような協同組合国家論への積極的なアプローチがほとんどなかった。それはなぜだろうか。

第3章は、この問いに答えるため、協同組合、コミュニティ、国家という三者の関係を協同組合の世代論的に考察した歴史的検証である。

第Ⅱ部では、現在起こりつつある協同組合コミュニティ国家への胎動を紹介する。

第4章では、協同組合コミュニティ国家の先駆的法制度として、スペイン・バスク自治州の一九九三年バスク協同組合法をとりあげた。そして参考になる条項を仮訳して巻末付録とした。

第5章は、イタリアの社会的協同組合の現地視察の報告である。障害者をはじめとした社会的弱者の社会参加を通じ、かれらを内包しながら自立に導く社会的協同組合のあり方から将来の協同組合コミュニティ国家の形が見えてくる。

第6章は、日本の協同組合コミュニティの具体像を描くのに参考になる廃棄物処理とコミュニティ農業をとりあげ、協同組合国家の基盤となる田園都市を提起した。それは「村に都市をつくる」というもので、レイドローの「都市に村をつくる」コースとの交互作用によって動態的に進展するというのが、レイドローの真意ではないかと考えた。

第7章は、協同組合コミュニティを建設していくという将来展望から日本の生協、農協の現状と問題点を見たものである。日本の生協、農協は大胆に生まれ変わることで、協同組合コミュニティの中心的な存在になることができる。また、この章では協同組合コミュニティのない山村で外資に森林が買われている現状を報告する。

第Ⅲ部は、協同組合コミュニティ建設にとってのワーカーズ・コープ（コレクティブ）（労働者協同組合）の本質的機能の再確認とそれを発展させるための提言である。

第8章は、ワーカーズ・コープがフォーマル（正規）な労働とインフォーマル（不正規）な労働を内包し相互補償するしなやかな構造に注目する。それと同時に、相互補償を内側にとどめるのではなく、社会全体として労働の尊厳を認める価値観への変革に発展させる運動の意義を説く。

第9章では、協同組合の最大の弱点ともいうべきイノベーション（創造的革新）の不足問題をとりあげた。協同組合が民間営利企業と違う点は人間そのものが資本であることである。人的資本は個性が多様であり、能力も各様である。機械・設備のような物的資本と違い、学習によって価値が成長し蓄積される。個人と組織の成長をいかに評価し、どのように処遇して革新のインセンティブ（働く意欲）に変えるかという社会的問題を検討する。

人間を中心に据えた社会の建設に向けて、国家の役割、市民の自治、人間らしい働き方、そして協同社会について、大勢の市民が語り合う時代がはじまろうとしている。

# 都市に村をつくる＝目次

## 第Ⅱ部　協同組合コミュニティへの胎動

# 都市に村をつくる

# 序章　レイドローと協同組合コミュニティ論

近代協同組合と中世的共同体とは両立しない。言い換えると、コオペラティブとコミュニティ（地域共同体）とは結合できない。近代経済史学では、こう考えられてきた。ところが、A・F・レイドロー（一九〇八〜八〇）によって、「コオペラティブ・コミュニティ」（協同組合地域社会）という新しい複合概念（本書では以下、これを「協同組合コミュニティ」という）がはじめて提起された。国際協同組合同盟（ICA）一九八〇年総会の基調報告「二〇〇〇年の協同組合」においてであった。

## 住宅協同組合の経験が基礎に

レイドローについて、略歴を紹介しよう。氏はカナダの東海岸ノヴァスコシア州、ケープ・ブレトン島の漁村ポート・フードに生まれた。そこは一六世紀ころからポルトガルやスペイン・バスク地方と交流のある地方といわれ、その地域にはその名残《なごり》を示す地名などがある。

かれはトロント大学卒業後、郷里で教職関係の仕事に就いた。かれが協同組合に関心をもったのは一九三〇年代（二〇歳代）であった。当時の政府の住宅政策は不動産開発業者をつうじての住宅供給であった。その政策を利用できるのは、金銭に余裕のある所得層に限られていた。かれは住宅を本当に必要としている低所得者のための住宅供給に取り組んだ。一九四一年にノヴァスコシアでかれがつくった共同住宅は、カナダの住宅協同組合の第一号となった。それは一〇〇戸の長屋風の住宅で一組合を構成する住宅コミュニティであった。その後、住宅協同組合はカナダの全州に広がり、七六年には七五組合、二〇一〇年には二〇〇〇組合になっている。それらは良質で合理的賃料で誰でも入居できる共同住宅であるが、入居者が共同所有し借料を支払いかつ管理運営するという、所有・経営・利用の三位一体制を原理とする協同組合システムを採用するものである。このシステムがかれの協同組合コミュニティ論の基礎になっている。

レイドローは住宅協同組合の実績が評価されて、一九五八年にカナダ協同組合ユニオンの事務局長に就任した。ユニオンというのは全カナダの協同組合連合である。かれはそれから六八年までカナダ住宅中央金庫の理事を務めるとともに、当時ロンドンにあった世界協同組合運動の本部である国際協同組合同盟（ＩＣＡ）の執行委員になった。そしてインド、スリランカ、ナイジェリアなど途上国の協同組合振興と調査研究に精力的に取り組んだ。かれが協同組合の新生面の開拓者として、豊富な運動経験に基づいて、一九八〇年の国際協同組合同盟（ＩＣＡ）総会で「二〇〇〇年の協同組合」と題する基調報告（以下、「報告」という）をおこなったことは冒頭に述べたとおりである。

図表1 協同組合コミュニティの計画図

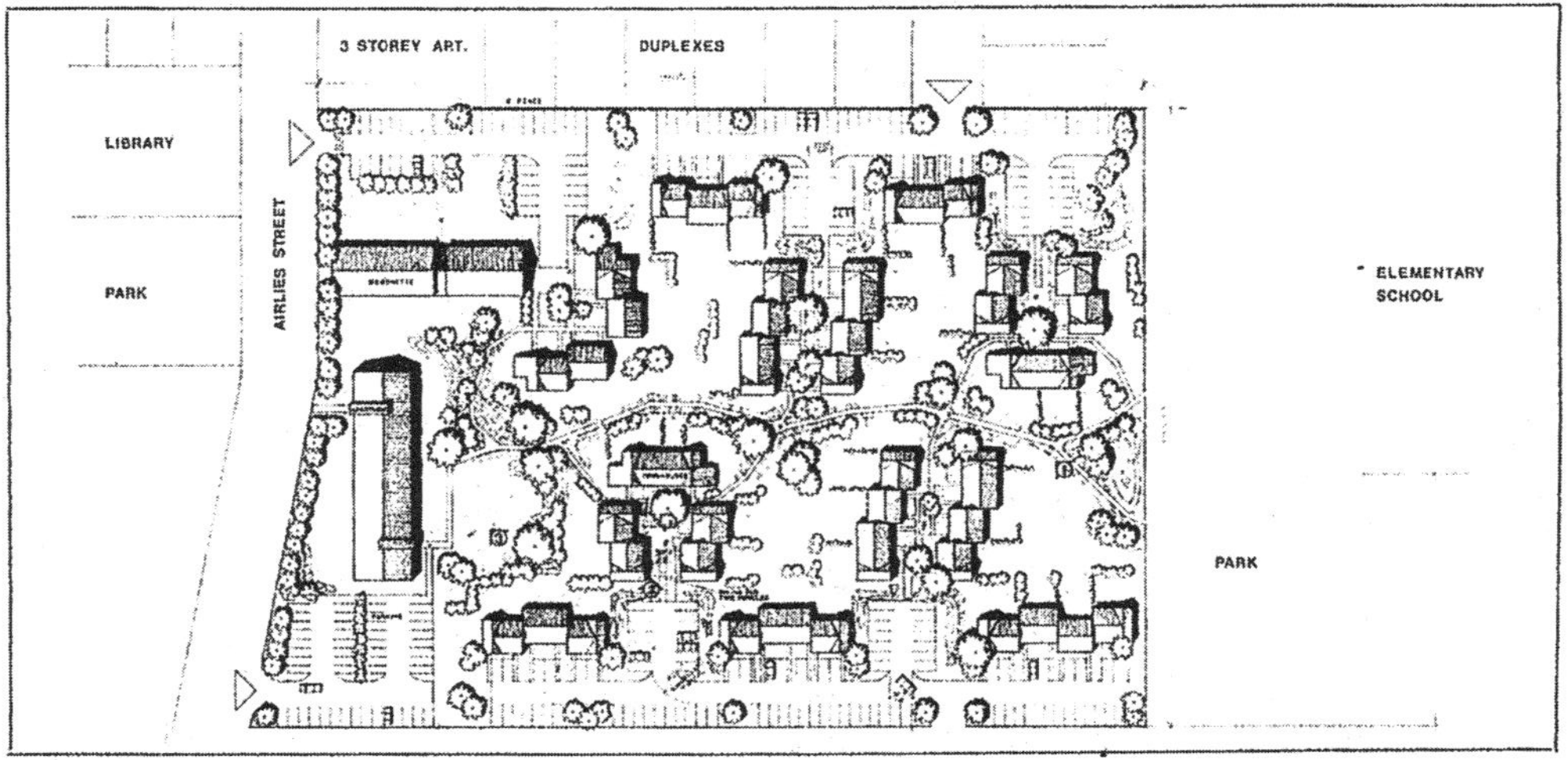


ウィニペグ（カナダ・マニトバ州の町）のセブン・オークス・ガーデンズのレイアウトは、住宅協同組合の実際の建設に先立って作成しなければならなかったものの一例である。92のタウンハウスと29のアパートからなるこのコミュニティは、（1977年の著書の）執筆時点ではまだ計画段階だが、学校、図書館、公園などの地域環境施設とともに建設される予定である[原著のキャプション（　）内は訳注]。出所：A. F. Laidlaw; *Housing You Can Afford*, Green Tree Publishing Company Ltd., 1977, p. 102.

## 「コミュニティの思想が最初にある」

かれはカナダの住宅協同組合についての一九七七年の著書のなかで、コミュニティについて次のように述べている(1)。氏のコミュニティ観を知るうえで興味のある記述なので、少し長いが引用する。

コミュニティ問題は閉じた環境のなかでの個人と他の人々との間の関係、また家族グループの間の関係のほか家族を超えた人類の一層大きい輪との関係を取り扱う問題である。人間の生活の場として理想的な舞台は何か？　このコミュニティについての正解を求めて古来、哲学者や思想家は、理想の社会的、政治的システムを持ったユートピアすなわち夢の国と呼ばれる完全なコミュニティを探求してきた。

カナダ社会にはいろいろなコミュニティがある。大都市の郊外の町、北部の鉱山の町、インディアン居留地、マリタイムズの漁村、ケベックの農村住区、キティマの企業町など何百とおりものコミュニティがある。エドモントンのアパートに住む百人の家族とアルバータ州のフッター派共同体の住民の百人とは、人間関係とコミュニティ生活の点でまったく別世界である。人間はコミュニティによって育まれるから、人間と社会環境が社会と慣習に最も強い影響をおよぼすのは当然である。

近所に住み生活を支え合う人たちの考え方はさまざまであり、行動のレベルもまちまちである。西部にあるフッター派共同体やイスラエルのキブツでは、多くの人と家族が一つの集団を形成し、一つの単位として生産、販売と経済問題に取り組んでいる。それらには宗教と社会的経済的基盤がある。

コンミューンの一種としてのコミュニティでは、すべての所有物と人的資源が、個人や家族の多数者の立場に立って合理的に組織されていることは、カナダでも知られている。実際、全国に、都市、農村を問わず、各自の目的や特色や生活様式を備えた何らかのコミュニティをつくろうとしているコンミューン・グループが何百とあるに違いない。コンミューンのなかには協同組合としてつくられたものもある。

協同組合運動とコミュニティ概念との間には興味深い歴史的結びつきがある。コミュニティの思想が現実に最初にあって、ビジネス営業の思想はあとから来たのである。英国では、一九世紀初期、コミュニティ形成を推進する集団が何百とあって、かれらは経済的自給生活をおこない、労働者とその家族は産業革命の嵐から避難する場所を見つけたのである。

**「協同組合が都市にコミュニティをつくる」**

それから三年後、一九八〇年ＩＣＡ総会において、かれの名を不朽のものにした「報告」で、かれは世界の協同組合が取り組むべき四つの優先課題を提起した[2]。

①今後、世界の協同組合はとくに世界の食糧問題に、生産から消費までの全過程にわたって、そ

の努力を集中すべきである。これは、人類にとっての重要なニーズの分野であり、ここでは協同組合は、世界的な指導性を発揮することができる。

②労働者生産協同組合は、労働者と職場との間に新しい関係を築き、もう一つの産業革命をもたらす最良の手段である。

③従来の消費者協同組合は、たんに資本主義企業と競争するだけでなく、それ以上のことをするような方向へ転換すべきである。そうすれば、ユニークで、違った形態の事業体として知られるようになり、組合員だけに奉仕するようになるだろう。

④都市の住人に奉仕するためには、都市のなかに村を建設するのに役立つ多くの異種協同組合の集合体をつくるべきである。

④の課題が「協同組合コミュニティ」の建設である。その必要性について、かれは次のように説明している。(3)

基本的には大都市は、平均的・典型的状況では、ほとんど人間関係のない、お互いにまったく他人として生活していることが多い人間の集団である。都市は、多くの住民にとって孤独と疎外の大海である。ただ近くに住んでいるというだけで、それ以上のきずなは何もないのが普通である。ほとんどの人にとって、都市のなかで住んでいる場所はアパート、近隣地域、郊外といったものであって、村落のような生きいきとした地域社会であることはめったにない。協同組合の偉大な目的は、地域社会や村落をたくさん大都市のなかに建設することでなければならない。多くの社会的経済的ニーズに応えて、地域社会の創設に総合的効果を及ぼす協同組合的組織を設立することができる。あらゆる種類の協同組合は、近隣の人々に自分たちがもっている資源を発見させ、求められているサーヴィスをスタートさせるという効果を発揮するだろう。共通の利害やニーズを持つ人々の自助、という協同組合の理念は、都市部の人々を結びつけ、都市部を地域社会に転換させるための社会的接着剤となることができる。

さらに、その方法として以下のように述べている[4]。

協同組合地域社会なるものを創設するという点で、都会の人々に強力な影響を与えるためには、たとえば日本の総合農協のような総合的方法がとられなければならない。従来の消費者協同組合では不充分である。なぜならば、都市の住人をいろいろな点で護りきれないからである。

（中略）

（総合農協のような）これほど広範なサーヴィスと事業は、都市部では一つの総合協同組合で実施しうるものではない。しかし、住民が容易に通うことのできる協同組合サーヴィス・センターのなかに、それぞれの機能をもった組織を同居させることは可能である。その一般的な目的は、住宅、貯蓄、信用、医療、食料その他日用品、老人介護、託児所、保育園などのサーヴィスを各種の協同組合で提供することによって、はっきりとした地域社会をつくりあげることでなければならない。とくに保険、金融、信託については協同組合全国組織の支店を設ける。たとえばレストランや葬儀サーヴィスのような、発展した消費者協同組合の種々の部門のほかに、家庭用品の修理、製パン、理・美容、靴修理、クリーニング、自動車修理などの業種で各種労働者協同組合を設立することができよう。こうした地域内の多くの協同組合人が消費者としてだけでなく、生産者あるいは労働者としても協同組合活動にかかわることになろう。

このような協同組合の複合体の全体が発展するにつれて、趣味や工芸のセンター、娯楽・文化活動、画廊、音楽センター、図書館、協同組合資料室、その他地域内の組合員の個人的な関心事などにもサーヴィスを拡大していくことができよう。近代都市においては、あらゆる種類のサーヴィス、レクリエーション、文化活動の場所が地域的にバラバラになり、居住地区はベッド・タウン化する傾向にある。現在の構想は、これらのサーヴィスや活動の多くを集合させて職住一致の環境をつくり、協同組合の小経済圏を確立しようとするものである。そうすれば、車への依存度もある程度減少し、日用品も歩いて行ける範囲か、公共輸送機関の近くで買い求められるようになろう。老人や身障者も、職住一致の環境のなかで生活することができるようになろう。住民が容易になじむことができ愛着がもてるような村が都市のなかにつくられることになろう。

## 協同組合とコミュニティ——主客転倒の謎

この二つの引用（一九七七年の著書と「報告」）で気づくことは、レイドロー自身の説明で、協同組合とコミュニティの関係が違っていることである。前者ではコミュニティが協同組合をつくる母体である。後者は協同組合がコミュニティをつくる母体である。大都市にはすでにコミュニティがないのだから、各種の協同組合の支所機能を活用して複合体としての地区協同組合サービス・センターをつくる構想である。それは手段として興味深いことである。しかしそれは、あくまでもサービスの協同組合デパートであって、コミュニティそのものではない。協同組合コミュニティづくりの主客の転倒について、レイドローに質問したいのだが、氏は「報告」をおこなった年に急逝されて、今はいない。

## 協同組合とは何か？　コミュニティとは何か？

日本の農村地域の集落社会（コミュニティ）では、管理を放棄した桑畑や果樹園は病害虫の発生源になるから、所有者が不在の園地の樹木をコミュニティが所有者に無断で伐採できるという慣習的合意がある。また豪雪地帯では除雪しない空き家は災害を引き起こすので危険であるから、村がその空き家を撤去する慣行のある町がある。このようにコミュニティには共同生活を守る観点から、公益を私益に優先させる公権力がある。そのような公権力のあるのがコミュニティである。その点、国家も同じである。それにたいし、協同組合にはそのような公権力がない。公権力のないのが協同組合である。

しかし反対に、コミュニティは構成員の生活や経済を維持できなければ、コミュニティとして存続できない。コミュニティの人々が定住できるように働きの場と経済を補強するのが協同組合やコミュニティ企業である。

レイドローのいう協同組合コミュニティとは協同組合とコミュニティの複合体のことであろう。それは庶民の生きいきとした地域社会であって、共同体的自治のエネルギーを蓄積することになる。国の中央政治のエリート集団ができない政策をつくりだす可能性が生まれる。協同組合コミュニティの全国ネットワークが形成され、自己主張をはじめるとすれば、そのネットワークはどのようなものになるのであろうか。

## 市民ネットワークの広がりと権力構造の変化

近年、G・ウィリアム・ドムホフ（カリフォルニア州立大学サンタクルス校教授）は、インターネット時代には権力構造が変化したことを確認したとする論文を発表している。[5]「インターネット時代には、一般的社会構造の維持と新しい政策形成に責任をもつのは、都市や社会の中の市民団体とその役割を担う人たちの（水平的な）ネットワークである。他方、パワー・エリートは権力体制内の役割を遂行する一握りの人たちに過ぎない」。そして、その後、大地震被災都市レフトモストのダウン・タウンの復興開発で、コミュニティの市民たちと大学との共闘体制が不動産業、パワー・エリート集団にたいする反対闘争で勝った経験を披露している。権力構造は固定したものではない。この意味からも、協同組合コミュニティの再認識が求められている。

### 協同組合によるコミュニティのルネッサンス

私はレイドロー報告に触発されて、協同組合と地域社会が結合する媒介要素を発見しようとして長い間呻吟《しんぎん》してきた。そして最近ようやくその矛盾を解く答えの一部がわかってきた。協同組合コミュニティとは、協同組合とコミュニティのハイブリッド（交配雑種）であろうか。そうではない。あるいはジャガイモとトマトを細胞融合させてつくったポマトのようなものなのであろうか。そうではない。コミュニティはコミュニティである。協同組合はコミュニティを代位することはできない。土地の共有制を基盤とした中世の共同体が労働の価値観の共有によって新しい共同体に転換するように、協同組合はコミュニティのルネッサンス（復古革新）のための触媒の役割をはたすのである。その方法についての思索のあとが本書の原動力になっている。

注

（1）A. F. Laidlaw, *Housing You Can Afford*, Green Tree Publishing Company Ltd., 1977, p. 183-4.
（2）日本協同組合学会訳編『西暦二〇〇〇年における協同組合（レイドロー報告）』（日本経済評論社、一九八九年）一七七頁。
（3）前掲書、一七四～五頁。

（4）前掲書、一七五～一七七頁。
（5）G. William Domhoff, "Power Structure Research and the Hope for Democracy," 2005.

# 第Ⅰ部

# 協同組合コミュニティという思想

# 第1章　レイドローの協同組合コミュニティ論とは何か

協同組合コミュニティの形成にあたっては、地域自治、すなわち民衆の生活圏のなかでの住民自身による自主的で民主的な統治権の問題を避けては論じることができない。端的にいうと権力について何らかの政治学的検討が必要になる。従来の協同組合研究では、国家論の問題は意識的に避けてきたきらいがあるが、本書ではあえて協同組合国家論について仮説を提起する。その問題提起は、レイドローの協同組合コミュニティ論の論理的整合性を測る上でも必要である。

## 1　グローバリゼーションとコミュニティの再評価

協同組合コミュニティは、序章で述べたとおり、レイドローによってはじめて提起された概念であるが、それが公表された一九八〇年といえば、まさに東西冷戦の真っただ中にあった時代である。一触即発の危機をはらむ東西の対立時代には、産軍複合体を率いる国家はおのずから強大な地位を占め、レイドローの協同組合コミュニティ論は協同組合運動者に感動を与えたとはいえ、一般にはまだ広い共感をもって迎えられるものではなかった。

一九九〇年代から二一世紀の初頭にかけて、貿易の自由化が声高に叫ばれ、やがて企業の多国籍化、人や組織の国際的交流が急速に進むグローバリゼーションの時代に突入すると、人々は反動的に自分らしさを求め失われた心の故郷を探しはじめた。しかしもう元の故郷はなかった。その絶望を希望に変えるのは協同のコミュニティではないだろうか。協同組合コミュニティはまだ手触りのあるものではないが、決して夢物語ではない。その概念が理解され、創造の方法論さえわかれば手にすることができるものである。その方法を理解するには、そのための論理的思考が必要になる。

## 2　「協同組合セクター」と「協同組合コミュニティ」のあいだ

レイドローは「報告」のなかで、協同組合セクター論について、大要次のように述べている。(1)

現在の国民経済は公的セクター（部門）、私的企業セクター、協同組合セクターの三つのセクターから成り、いずれも単独では完全な社会秩序を保つことができず、相互に補完しあって望ましい状態を形成する混合経済体制にある。協同組合セクターは公的セクターと私的企業セクターの中間的性格をもつが、他の二つとは競争と妥協の柔軟性を持つ必要がある。しかし協同組合セクターが自己の思想と活動を確立できなければ、他のセクターとの境界が曖昧になり、かれらに吸収される危険がある。

これがかれの協同組合セクター論であり、かれの多元主義である。それを深く理解するには、それより六年前の一九七四年、かれがミズーリ州立大学大学院でおこなった「協同組合セクター論」と題する講演(2)（以下「講演」という）の内容との比較が大いに役に立つ。この「講演」と「報告」は基本的にほぼ同じ趣旨で論述されているが、序章で見た「協同組合」と「コミュニティ」の関係の変化と同じように、ここでも変化が見られる。

**第二の謎——マクロの活動からミクロの取り組みへの転換**

「講演」においても「報告」においても、世界の協同組合が実践すべきこととして、世界の飢餓の救済や貧困からの解放、資源分配の不公平の是正への取り組みなど、世界的ないし国家規模での協同組合セクターの運動の目標を示していることは同じである。大きな変化は、その実現方法として「報告」では、ローカル（地方的）ないしディストリクト（地区的）な範囲の協同組合セクターの創造へと運動の転換を示唆したことである。協同組合コミュニティの提案がそれである。

換言すると、六年前の「講演」ではマクロの政策課題について、豊かな財政力をもつ国家セクターへの期待と限界を述べ、また大企業の支配が強まる民間企業セクターの限界を指摘し、それに対抗するマクロの協同組合セクターの独自活動の有効性と補完性を強調するにとどまっているが、

「報告」ではさらに一歩進めて、マクロの課題にたいしてミクロの運動による解決の方向を提案している。しかし、その変化についての理論的説明が十分とはいえない。ましてその提案の転換にともなう政治的ないし体制的変化についての言及がない。あえて言及を控えたのであろう。

## 協同組合コミュニティはマクロの運動につながるのか

「講演」では、「協同組合セクター」論を特徴づけるために、現代協同組合理論の学派を区分して解説している。それらの比較のなかで、ロバート・オウエンを始祖とする「協同組合コモンウエルス（共和国）」派についてはユートピア的で、現代の公的セクターと市場経済企業セクターの支配下では、到底、現実性がないとしている。特殊的に成立するとすれば、カナダの再洗礼派キリスト教徒の開拓村であるフッタライト（Hutterite）やイスラエルのキブツの例があるにすぎないと否定的である。一方、「報告」でかれは、現代の状況のなかで実現可能性があるのは「協同組合コミュニティ」、つまり小さい多種の協同組合のパートナーシップによって形成される地域社会であるというのである。

コミュニティとは地域の生活共同体つまり自治社会を指す社会学的概念である。行政機関としての市町村よりも、その根底にある住民の自治組織を意味する概念である。

「報告」では多数の協同組合コミュニティ運動の総和が、世界的規模の問題解決にいかに有効であり、どのようにしてそこに導くかの説明が不足している。「協同組合コミュニティ」を基礎単位として、「協同組合間協同」によって国家レベルへ、さらに国際的規模に連結するのが国際協同組合同盟（ＩＣＡ）であり国連であるといわれればそれまでであるが、現実の世界状況を見れば、実現可能性について不安を感じるというのが大かたの一致する感想であろう。現実はレイドローはじめ協同組合主義者が考えている予定調和で収まるものではない。だとすれば協同組合セクター論と協同組合コミュニティ論のあいだには何が必要であるのか。協同組合コミュニティの意思の積み上げについての構造的な論理を期待するのが自然であろう。

## 3　抑制された政治的メッセージ

### マルクスの「上部構造」「下部構造」論

現代社会思想史におけるセクター論は、政治的多元主義と社会経済的多元主義の二面から構成されている。その代表的な学説はマルクスの理論であって、かれが社会発展のダイナミズムを説明するため、政治と社会経済の関係を「上部構造」と「下部構造」の概念として設定したことは多くの人の知るところである。それによると、「上部構造」である多元的な政治構造は「下部構造」である多元的な社会経済構造を基盤として生成され、「下部構造」つまり生産力、生産関係の変化にともなって「上部構造」も時差はあるが変化する。その変化は、政治、思想、文化、芸術などそれぞれの性質によって独自の変化をする。また逆に「下部構造」である社会経済は、「上部構造」としての政治、文化、思想などの変化の働きかけによって、変化が促進されまたは停滞するのが歴史の発展法則である。つまり社会体制は「上部構造」と「下部構造」の両者の相互作用によって、独特の形をとって遷移する。

### 国家との関係について言及を避けたレイドロー

レイドローの協同組合セクター論は主として経済的セクターにおける協同組合の役割論である。その反面、協同組合と国家の関係にかんする政治論については言及するところが著しく少ない。それには一理がある。国際協同組合同盟（ＩＣＡ）では設立以来、協同組合原側の課題として協同組合と政治の関係がたびたびとりあげられ、一九三七年には「政治的中立」性が協同組合原則のなかに採択された。協同組合運動に党派的利害や社会主義の宣伝が持ち込まれることを恐れたからである。「政治的中立」を運動者の良識に委ねるまでに成熟したのは、約三〇年後の一九六六年の総会においてである。しかし、そのころから協同組合運動は政治にたいする関心をなくしていった。一九八〇年のＩＣＡ総会は冷戦下のモスクワでおこなわれたから、レイドローは世界の協同組合と政治体制との関係についての議論を意識的に避けたのであろう。

### レイドローの「社会主義」学派論

レイドロー個人は一九七四年の「講演」において、「社会主義」学派について明確に次のように述べている。

その協同組合哲学は本質的に左翼イデオロギーに基づく社会主義体制に属している。この学派の一部は、協同組合を民間および個人的見地から考察するのではなく、公的および社会的見地から考察し、他の一部は中央集権的社会主義経済の国家の下級パートナーと考える。この学派はナンバー2の立場にある。

・この学派の主たる特徴は、国家がすべての経済活動の支配的で最終的権威であるべきで、協同組合は政府の作成する計画の一部であって国営企業の補助組織であるとすることである。

・社会主義学派の支援者は西欧諸国のなかにも多数いるし、共産主義国や多くの発展途上国では主流である。

「報告」では、社会主義派を正面から批判するのではなく、「報告」の第Ⅲ章の「協同組合と国家」の一節において、協同組合は国家権力による組合員支配の追加手段として利用されないこと、また官僚の干渉にたいして協同組合の自由と自主性の確保を主張するにとどまっている。

**求められる政治的メッセージ**

「講演」では、G・フォーケ（一八七三〜一九五三、フランスの社会学者、ILO初代協同組合部長）

の次の言葉、「われわれの眼前にある多数の社会実験の示すところでは、国家は経済組織を創設しようとすれば、自己の権力と能力の限界を認めざるを得ないであろう」を引用している。かれはフォーケ同様に市民主権に基礎を置く協同組合から政治への影響力の行使という積極的な対抗戦略を示すべきであったと思われる。二一世紀の初頭、グローバリゼーションを進めた新自由主義の矛盾が露呈し、その克服が焦眉の急となった現在では、国民主権論に立つ協同組合セクターの積極的な政治的メッセージが必要なのである。

## 4　「協同組合コミュニティ」の着想の背景

レイドローの「報告」における「協同組合コミュニティ」論は、そのような不十分さをともなうものであるが、それにしても「協同組合コミュニティ」の建設という提案は、「報告」が提起した新しい実践的テーマである。「講演」と「報告」の間の六年間に何があったのであろうか。「報告」の内容から推察しよう。

### 相次ぐワーカーズ・コレクティブの設立

イギリスでは一九世紀後半、ロバート・オウエンの思想的流れを汲むキリスト教社会主義者の熱心な指導で、労働者協同組合が組織された。それらは靴、靴下、鉄工、羊毛、建築、印刷などの労働集約的手工業としてであった。企業数も二〇〇程度のものであった。ところが一九六〇年代にポリエステル樹脂化学工場のスコット・ベーダー社がそれを労働者共同所有工場に転換してから、それに触発された一般市民のワーカーズ・コレクティブ設立運動が盛んになり、一九七六年には工場共同所有法が制定された。

それらは健康食品生産、印刷・出版、配達などの生活産業に多く組織され、コンピューターからタクシー、レストラン、清掃、環境保全など専門技術の分野に広く普及し、その事業数もたちまち一〇〇〇を超えた。レイドローはロンドンで国際協同組合同盟（ＩＣＡ）に勤務中、調査部長ポール・デリックの説明を受けたことが容易に想像できる。新しいタイプのワーカーズ・コープの登場はフランス、イタリアなどでも観察された。それらは建設業、農業、縫製工場、航空機産業など基幹産業にも進出していた。一九七〇年代は、労働者協同組合による賃金労働者解放の時代の幕開けであった。

### モンドラゴン協同組合の成功

レイドローはスペイン・バスクのモンドラゴンにおいて、他のセクターと違う三位一体の原理による労働者協同組合が、家電製造を基幹産業とした関連工業、信用金庫、消費組合、農畜産業、林業、学校、研究機関、共済など多様な分野で成功している姿を目のあたりにした。モンドラゴン協同組合は単に経済的に成功しただけではなく、職住近接の雇用をつくりだし、家族の安定した生活を可能にした。それはバスク共同体の独立と自治を目的としたもので、バスク人の伝統的生活文化、言語、宗教を共有する「共和国（コモンウエルス）」の確立を意図するものであった。労働者協同組合では人間が資本に雇われるのではなく、資本を労働の手段として用いる人間主体となった働き方が実現していた。そのうえで、労働者協同組合に典型的にあらわれる民主的運営方式を各種の協同組合に採用し、そのネットワークによって、協同組合コミュニティの建設が進んでいた。

注目すべきことは、国際的にも国内的にも地方語であるバスク語を公用語として認め、またバスクにおいて農林業が国民所得に占める比重がきわめて小さいにもかかわらず、農山村集落に継承されている共同体精神がモンドラゴン協同組合の基礎理念であるとしていることである。バスクの固有の言語と文化を保存するため、バスク教育文化の振興のための財団を設けていることを特記しておこう。

## モデルとしての日本の総合農協

レイドローは一九七〇年代に日本を訪問した。そこで見たのは東アジアの工業国日本の総合農協で、水田農耕を基礎とした共同体的農村集落と近代西欧型協同組合が結合した地域社会であった。その多くは混住型農村コミュニティ化の初期段階にあって、「田園都市」の理念に燃えて計画的に整備すれば、「協同組合コミュニティ」のモデルの一つになる可能性があった。

私がカナダ協同組合本部でレイドローの部下だった人に案内してもらったオタワ郊外の住宅協同

組合は、小規模な集合住宅の団地であった。まさに移民社会カナダの人工的協同組合コミュニティであった。それにたいし日本の農村は歴史と伝統が根づいた自然の協同組合コミュニティとして、かれの目に映ったに違いない。そして多様なタイプの協同組合コミュニティの姿を想定するのに役立ったと思われる。

しかし現実は順調に発展するとは限らない。むしろ逆である。日本の農協が抱える問題とその解決策については、第6章と第7章で詳述する。

## 5　グローバリゼーションと協同組合コミュニティへの期待

### 国家セクターの威信の凋落

本章の冒頭で見たように、一九九〇年代以降に勢いを増した新自由主義とグローバリゼーションによって国内産業の空洞化が進み、失業者が増え、また貧富の格差が増大した。社会に沈滞ムードと不安、ストレスがたまるようになった。

国家はグローバルな投資ファンドの暗躍に打つ手がないことを露呈した。また財政的に破綻し、公的セクターの規律が低下した。国民生活を安定する政策を推進できなくなった。一言でいうと、国家セクターの威信の凋落であり、公的セクターにたいする信頼低下の時代が始まった。

この構造的崩落は、一時的な人気取り政策や消費税を上げることで回復できるものではない。国家・公的セクターの価値基準が通用しなくなっているのであり、国民や現場の価値基準に立った運営に任せるほかないのである。それができるのは個人ではなく個人の価値基準を集約できる何らかの連帯組織である。それは国民生活から超絶した公的セクターではなく、また巨大独占企業を盟主とする民間企業セクターではないとすれば、自主的な自治組織である協同組合セクターの指導性が高まらなければならない。協同組合セクターといっても、生産・生活に公的価値基準を内蔵した活動ができる組織でなければならない。それは協同組合コミュニティの構造をとるものでなければならない。

### 協同組合コミュニティ論が突きつけた「社会と国家」の問題

以上の議論を煎じつめれば、社会と国家の関係という政治学ないし社会科学の基本問題に突き当たる。レイドローの協同組合コミュニティ論は期せずしてその難問を解くための一石を投じたことになる。レイドローの問題意識の背景には、民主的国家の構造を探求した思想家たちの苦闘があり、それを抜きにしては、協同組合コミュニティ論を評価することができない。次章でその代表的な論考を見ていこう。

**注**

（1）日本協同組合学会訳編『西暦二〇〇〇年における協同組合（レイドロー報告）』日本経済評論社、一九八九年、一〇九～一一三頁。

（2）　A. F. Laidlaw; The Cooperative Sector-Outline of a presentation at the Graduate Institute of Cooperative Leadership, University of Missouri, Coumbia, Mo 1974.

# 第2章　協同組合コミュニティの思想的背景

## 1　テンニエスのゲノッセンシャフトとは何か

### ゲマインシャフト・ゲゼルシャフトとゲノッセンシャフト

フェルディナント・テンニエス（一八五五～一九三六）の名著『ゲマインシャフトとゲゼルシャフト』の最終編に二つの「附言」が加えられている。そのなかに「ゲノッセンシャフト」という耳なれない言葉が唐突な感をもって出てくる。しかも本体の「ゲマインシャフト（共同社会）」と「ゲゼルシャフト（利益社会）」のような詳しい説明がない。しかし、かれがこの著作において本当に主張したかったのは、このゲノッセンシャフトではなかったかと思われる。論議を進める上で導入部となる概念であるので、まず一九一二年の附言からかれの説明を引用しておこう(1)。

最近数十年の間に、組合――ドイツ語ではゲノッセンシャフト（Genossenschaft）と称するが、他の国語では別の言葉で呼ばれている——という名を有する、多くは無産者たる人々からなる結社が、少なからぬ勢力を得て重きをなすに至った。かかる結社を無産者が作った目的は、まず第一には商品を共同に購入するためであり、第二には必需品したがって使用価値を「自力生産」するためであった。このような多くの小さな団体が相集って、大規模な購買組合となり、したがってまた大規模な生産組合ともなるのである。かかる組合の法的形式は、有限責任の根本原理にもとづいて、株式会社法に倣って作られている。それにもかかわらず、それによってゲマインシャフト的な経済原理が、ゲゼルシャフト的生活条件に適合せる形態をとって、著しい発展能力を有する新らしい生命を獲得するということが認められる。

それから一〇年後、一九二二年には、一九一二年の前言を否定し、その上で、次のように新しい展開を試みている[2]。

資本主義的・ゲゼルシャフト的世界組織は、みずから招いた恐ろしい混乱を経験せる後も、なお傍若無人にその破壊力を行使している。かかる現象に対して、「ゲマインシャフト」への声が——しばしば明瞭に、或いは（イギリスのギルド社会主義におけるごとく）暗黙のうちにこの書と関連して——次第に高く叫ばれてきている。この叫び声は、単なる「精神」に対する救世主的希望を表明するものでなければならないほど、ますます信頼を獲得するであろう。なぜなら、特殊な存在としての精神は、ただ幽霊を信ずる者にとってのみ実在するものにすぎないから。生命を獲得するためには、精神は、生命能力したがって発展能力を有する原理である身体と合体しなければならない。かかる原理こそ、ゲノッセンシャフトの自己保存の理念であって、これによってゲノッセンシャフトは、単なる仕事の経営に堕することからまぬかれうるのである。

## 高次の社会構造を模索したテンニエス

テンニエスの『ゲマインシャフトとゲゼルシャフト』は、大学の社会学のテキストを目的として作成されたものではなかった。第三編「自然法の社会学的基礎」を見ればあきらかなように、かれの意図は、資本主義的市民社会すなわちゲゼルシャフトの生産力とそれに基づく自由で民主的社会組織を経過しつつ、ゲマインシャフト的関係が基礎になる高次の社会構造を模索することであった。つまりゲマインシャフトとゲゼルシャフトの両方を否定し、さらにそれにとどまることなく揚棄する論理を展開する準備として、ゲマインシャフトとゲゼルシャフトの歴史的概念を説明したのであった。真の目的は、次に来る人間的社会組織の規範概念と法的形態を明らかにすることにあった。それはかれの手で具体的に示されることはなかった。ただ「附言」で方向を暗示するにとどまっている。

## テンニエスに影響を与えた思想家たち

かれの「附言」には、近代ゲゼルシャフト（利益社会）を批判し、近代以前のゲマインシャフト（共同社会）に関心をもった次に掲げるような西欧近代思想家たちが積み上げてきた思索の影響が見られる。

①フリードリッヒ・ニーチェ（一八四四～一九〇〇）の哲学

ニーチェは西欧近代社会（ゲゼルシャフト）の基礎にあるキリスト教とプラトン国家理念による個人主義と合理主義が西欧の精神を衰弱させたことを批判し、ソクラテス以前の古代ギリシアの神話の燃えたぎる肉体的生命の再生を期待した。その一端は「附言」（一九二二）の「生命能力」と「身体」の関係など力への意思の表現にも見ることができる。

②カール・マルクス（一八一八～一八八三）の経済学批判

マルクスが人間疎外すなわち労働力商品化の概念によってブルジョア市民社会（ゲゼルシャフト）の根幹をなす政治経済学を根源的に批判したことは周知のとおりである。この理論に共鳴し、第一次大戦後、人間の自立できる社会体制の組織づくりを主張したのが、英国の劇作家バーナード・ショー（一八五六～一九五〇）をはじめ、その支援を受けたジャーナリストのホルブルーク・ジャクソン（一八七四～一九四八）、アルフレード・リチャード・オレージ（一八七三～一九三四）、C・H・ダグラス（一八七九～一九五二）らである。(3) オレージの編集した雑誌『ニュー・エイジ』は社会主義の提案ばかりでなく芸術論、ニーチェ哲学の紹介などを幅広く掲載したので、英国以外でもドイツなど数多くの言語に翻訳されて流布した。テンニエスのギルド社会主義への関心は、オレージらとの交流によるものであるかどうかの確証はないが、ニーチェの思想への関心では共通性がある。

③オットー・フォン・ギールケ（一八四一〜一九二一）の組合法学

ギールケは絶対君主制の支配するドイツを統一的で民主的な連邦国家に構成する法理論を提起した。かれの理論は主権をめぐる団体人格論と私的人格論の有機的連結を基礎にして展開されている。そのためにはゲルマン法がローマ法に承継される過程で失われたゲマインシャフトの再評価が必要であった。

**ギールケの法学的研究を社会学的に論証**

テンニエスの『ゲマインシャフトとゲゼルシャフト』の前編は、自然法と実定法の相互作用を検討するギールケの法学的研究を社会学的に論証しようとしたものであった。テンニエスの前掲書の後半はまさにその目的のために書かれている。それを端的に物語る一節を引用して示そう。[4]

国家（Staat）は二様の性格を有する。まず第一に、国家は普遍的ゲゼルシャフト的団結体である。すなわち国家は、その諸々の主体の自由と財産を保護する目的のために、したがって契約の妥当性の上に成立する自然的法を表現し遂行する目的のために存続するものであり、そういう目的のためにいわば設立されたものである。そこで国家も、他の構成された結社と同様に、擬制的もしくは人為的人格であり、法秩序のもとではかかる人格としてその他のあらゆる人格と相対し、それらと対等の地位に立っている。国家と個々人との間には、受任者と委任者との間におけると同様な自然的法が存在する。したがってまたこの自然的法は、ゲゼルシャフト的意志または協約的自然法として、国家の上位に位している。国家の全制度は、国家の意志がそのなかに有効なものとして表現されねばならぬ秩序として、この自然的法の一部をなしている。（中略）第二に国家は、ゲゼルシャフトそのもの、換言すれば、個々の理性的なゲゼルシャフト的主体という概念と共に与えられる社会的理性である。すなわちそれは、爾余の諸人格の外に、それらと並んで設立される特殊的人格としてではなく、爾余の諸人格がそれとの関連においてのみ存在を与えられるところの絶対的人格としての、統一的なゲゼルシャフトである。この意味においては、国家の法に対立するいかなる法も存在せず、政治の法は自然の法である。したがってまた、国家とゲゼルシャフトとの間には、判決をくだすいかなる法廷も考えられない——国家そのものと同様に、法廷もゲゼルシャフトから生じるものでなければならないであろう——。裁判権はすべて国家に依存し、国家の法の適用ということになる。なぜなら、ゲゼルシャフトが国家を離れて一個の普遍的意志を有し、国家の意志を自己の意志として承認する能力をもっているとは考えられないから。したがって、国家によって命令的全権を賦与された若干の個々人の積極的な決定が、消極的決定に代って自然的秩序として生じてくる。国家によって全権を賦与されたこれらの個々人は、さらにそれを伝え命ずることができ、かくして遂には、あらゆる人格がすべて間接的に国家意志を分有することになるであろう。

## 2　ギールケの中間団体論の意義

### ホッブスによる近代国家の法学的解明

現実の国家形態を法学的に評価することは、研究者にとって身の危険を賭しての仕事となる。近代国家の政治的、法学的解明は、一七世紀の英国で、名誉革命として成立した国王と貴族、庶民の多元的支配体制下において、トーマス・ホッブス（一五八八〜一六七九）によって初めてなされた。かれの功績は、近代国家の主権を構成する二つの権能、すなわち人間の自然的権能と、王としてもつ政治的権能を最初に明らかにしたことである。すなわち主権が分割され分譲されることができることを明らかにした。そして国家主権はすべての土地の根源的所有権にあることを、国家の統一意思として、コモンローの概念によって説明した。

### ルソー「社会契約論」の限界

その後、フランス革命のイデオロギーとなったジャン・ジャック・ルソー（一七一二〜七八）の「社会契約論」（一七六二）があらわれた。それは人間個人の欲望充足を自由意思の自然状態と認め、人間同士の問題解決のために契約を結ぶことによって社会が形成されると考える。それが市民社会である。ルソーの考えでは、市民社会は市民全体の契約による公共の意思を設定する。これは一般意思と呼ばれるものであるが、それは抽象的理念である。一般意思に基づく公共の意思は、市民の自由意思を拘束することをルソーは想定する。そして一般意思を具体化し運用するには統治者が必要であるとする。このようにして、ルソーの社会契約説は、ギールケやテンニエスのいうゲゼルシャフトの理論となる。ルソーの社会契約論は市民主権社会を合理化すると同時に、社会の一般意思の名のもとで、市民を支配する絶対権力者をつくりだす余地を論理的に残している。事実、フランス市民革命後にナポレオンの帝政が出現した。「社会契約論」は未完成とはいえ、根本的に理論的矛盾を抱えているといわざるをえない。

**ギールケのゲノッセンシャフト概念**

ギールケのゲノッセンシャフトの用語の使い方は、法学的に団体人格と構成員人格が分離せずに融合している団体人格のことである。(5) したがってギールケのいうゲノッセンシャフトの概念は、テンニエスの限定的用語よりも広く、ゲマインシャフトでもゲゼルシャフトでも適用されている。しかし、ギールケによればローマ法の継受によって団体人格が強くなり構成員人格を抑圧する傾向が強くなったと考えられた。その後、ゲルマン法学派がこれに反発し、構成員人格を有機的に組み込んだ団体を生みだしたと考え、この意味でのゲノッセンシャフトが理想的な団体だと考えた。これがテンニエスの「附言」でいうゲノッセンシャフトと一致するのである。

さて、ギールケは社会契約に基づく現代の立憲的法治国家の法理論の創造をめざしたのであるが、ルソーのように個人と国家を無媒介に契約によって結び付けることの難点を解決しなければならなかった。そのため一六～一七世紀のカルバン派の政治哲学者、ヨハネス・アルトジウス（一五六三～一六三八）の社会契約と中間団体（Zwishenglied）説を再評価し、それを現代国家の法理論に発展させた。

### 現代国家が規範とするゲノッセンシャフトの原理

ギールケの政治共同体は、社会の構成員の不可侵の自由人格を確保しながら、機能的に家族、職能団体、市町村、州など多岐の中間団体を契約結合によって組織する。中間団体は個人の委託によって組織され、その代表が団体意思を代理する。また国家共同体としての国家は個人人格の意思の総和であると同時に総和では表現できない統一価値を代表し、その実現のため国家権能をもつことになる。国家共同体は個人と中間団体によって構成され、中間団体においてその権能が多元的に分立していたのと同じ原理で、国家の権能も分立することができるし、また分立が望ましいとする選択もある。国家はその統一を確保する上で、個人の自由については実定法を制定することによってのみ制限することができるが、また個人と中間団体の自由を保障し、さらに促進するためにある。国家は最高意思の行使において過ちを犯さないという保証はない。過ちを犯した場合、個人と中間団体はそれを糾弾する権利がある。それは国家が個人主権に基づいて設立されているからである。しかし国家共同体を廃止することはできない。そのため、国家が過ちを犯したときには国家の代表を解任することになる。

それをすでに実行しているのは契約結合に基づく中間団体であり、とくにゲノッセンシャフトにおいて典型的に実施される。現代国家はゲノッセンシャフトの原理を規範として、権能を立法、司法、行政に分立することができる。

## 3　ハーストの現代アソシエーション型国家

第Ⅰ部の冒頭で、国家と協同組合の関係について仮説を提起することが本書の目的の一つであることを述べた。そして、レイドロー報告の意義として、明示的ではないが、「協同組合コミュニティ」の建設というミクロの運動の積み上げによるマクロの課題の解決をめざしたことを挙げた。その志にたいする理解を深めるため、この第二章ではあえてテンニエスからギールケの思索にさかのぼったのであるが、引き続き、現代の協同組合の政治的、社会的理念の解明に論議を進めよう。

一九九〇年代から、社会的イデオロギーとしての「協同組合主義」に代わって現代的なアソシエーション理論が登場するようになった。

## アソシエーションの概念とゲノッセンシャフト

アソシエーションとは、一般的には共通の目的をもって組織される団体あるいは組合のことである。この言葉の使い方でいうと、協同組合とは協同組合原則を承認した人々の組織する組合であって、コオペラティブ・アソシエーションといわれる団体である。

概略的に説明すると、この近代コオペラティブ・アソシエーションは二面性を免れないのであって、一面は自然人として労働し生活する社会的側面を基本原則にする思想であり、他の一面は経済人としての市場活動の側面に比重を置く思想である。前者では個人の社会的、経済的活動は共同社会に属することによって保障され、選択の自由は制限される。これはゲマインシャフト（共同社会）に相当する概念である。後者は個人の独立と自由が前提となっていて、利益のある場合にかぎって自由意思によって組織を創設して活動する。これがゲゼルシャフト（利益社会）といわれるものである。この二つを揚棄した協同組合の組織、つまり人間的側面を基礎として、資本的側面を人間が統制しつつ手段として運営するのがゲノッセンシャフト（共同組合社会）というわけである。

レイドローの「協同組合コミュニティ」論はゲノッセンシャフトの一種である。現代のアソシエーション論も一種のゲノッセンシャフト論に分類できるが、方法論において、レイドローの「協同組合コミュニティ」論よりも曖昧性が残っている。これから紹介検討するのは、アソシエーションの社会、経済、政治的構造をあきらかにしているポール・ハースト（一九四七〜二〇〇三）の論説である。

## アソシエーション型国家とは何か？

ハーストのアソシエーション論はギルド社会主義を現代に再生した社会政治理論であるが、その源流である一九世紀のギルド社会主義理論は二つの政治理論に分かれて発展した。ひとつはギールケ、テンニエス（独）、ラスキン、フィギス、ペンティ、オレージらからラスキ、コール（英）らに至る政治的多元主義である。中央集権的独裁国家を忌避し、コミュニティを重視したという意味で、マルクスもこの学説のなかに入る。他の一つは、プルードン（仏）の流れを汲み、国家権力を忌避し、個人の自由に基づく連帯社会を重視した無政府主義である。この二派は前期アソシエーション学派ということができる。

ロンドン大学の社会政治学者、ハーストがアソシエーション型の社会体制を提唱するのは、次の理由からである。

現代のように人間生活も価値観も多様化した社会では、人間生活の画一化と経済の合理化の優劣を競う資本主義は本質的に時代遅れになっている。また国家社会主義の計画経済も将来性がない。それに替わって宣伝された福祉国家も所詮《しょせん》、中央集権的国家による税収入の分配機構であり、国家官僚制の強化を不可避とする持続可能な社会体制ではない。

第三の道は、個人の自由を基礎として、財とサービスの提供者と消費者が相互に直接補償しあうアソシエーション体制に移行することである。そのためには、中央集権的な議会政治と官僚行政を解体し、その権力を民衆のアソシエーションに移譲して、組合が自主運営する以外に方法がない、というのである。自由と民主主義とパートナーシップの分権的参加型の政治体制が、多元型社会のモデルである。その構造は以下の三つの原理に要約される[6]。

①自主管理型の組合組織が漸進的に社会経済問題を管轄する基本的機構になる。
②権限は、その範囲か機能を、権威のある部署に可能なかぎり配分し、管理を効率的に解決できる底辺の部署に移譲するものとする。これは多元主義国家と連合の原理によるものである。
③民主的統治はたんなる市民の選挙と多数決によって成り立つものではなく、統治する者とされる者の間に情報の流れがあり、前者が後者の同意と協力を求めることによって成り立つ。

しかし、ハーストが、国家が権力を移譲する対象として協同組合ではなくアソシエーションという用語を使うのには理由がある。かれは一九世紀のギルド社会主義が果たした役割を現代の協同組合は果たすことができないと考えるからである。現代では協同組合が社会経済のすべての分野を占めるわけではなく、多様化したニーズに対応するには、活動においてもっと柔軟になる必要があり、多様な会社組織と協約し、また非営利団体とも提携する必要があるとする。しかし、無原則な連合戦線になっては体制が液状化するから、ゲノッセンシャフト流の協同組合が中軸になりつつ物心ともに活動範囲の幅を広げるということである。これがかれのいうアソシエーション理論である。

## アソシエーションにおける「自由」のあり方

ハーストは人間社会でアソシエーションが形成される理由とその特質を問い直し、次の仮説によって論議を展開する。その仮説とは次の四点である。[7]

①人類には協同すなわち仲間をつくる自然の意思がある。アソシエーションはこの生まれつきの性質によるもので、われわれがつくる制度でもそれを尊重しなければならない。

②アソシエーションにたいする会員の忠誠心は、社会生活のなかで自発的有機的結合の産物として生まれるものであるから、国家が強制する忠誠心よりもストレスが少なく、正当な要求ができるものであるべきである。

③アソシエーションの必要とする秩序の遵守は、教会や労働組合のモラル的秩序の遵守と等しいものである。国家もアソシエーションのようなもので、国家がそれ以上の秩序を強制すれば、良心的に拒否してもよい。

④アソシエーションは個人としての会員から独立した法人格をもち、自律的に発展する自由が認められるべきである。

ここで重要なことはアソシエーションにおける「自由」の概念である。「自由」とは個人の抱える問題を個人的に解決するのではなく、仲間とともに解決するというのがアソシエーションの「自由」である。たとえば、労働に関していうと、個人の賃金や労働条件の改善を個人的に解決するのではなく、労働組合の一員として仲間とともに解決する「自由」が保障されているのである。キリスト教でいうと、魂の救済は教会の他の仲間とともにおこなうのがアソシエーションとしての「自由」のありかたである。またアソシエーションと市民国家の規制の関係については、公的モラルとして禁止されない活動をする自由があると考え、法は簡素であるべきだとする。個人のプライバシーのみを主張し行動するのは、保守的自由、負の自由であるとして、アソシエーションの自由とは区別する。

ハーストのいうアソシエーションを協同組合コミュニティに拡張して考えると、協同組合コミュニティは多様なアソシエーションの地域社会における連合体であると定義できよう。

## アソシエーションの経済改革構想

大量生産・大量消費の果てに、片やカネ余り現象とその対極に失業・貧困層の増大という矛盾を抱えた現代社会をいかに再建するかが問題である。ゲノッセンシャフト型の協同組合を中軸にしたアソシエーションは、いかなる再建の方策を示すことができるか。ハーストが究極的に提案するのは、もちろんアソシエーション型経済への転換である。かれが米英に代表される西欧の金融資本主義国にたいして提案するイメージは、次の三つの例を総合した体制である。

まず第一に、従業員が職場で仕事に関して集団的に権威と責任をもち、労働者と経営者の協力が円滑である日本型企業のサクセス・ストーリーを採用することだという。その例として田園工業都市である坂城町《さかきまち》を例示している。長野県埴科《はにしな》郡坂城町の小規模工場群は医療検査機器などを製造し世界市場に提供している。その協同組合は高度に集約的で自足的な地域コミュニティを形成し、公共政策からも便益をうけている。

第二に、連邦と州の協調がうまくいき、企業運営では労使の共同決定方式をとり、また金融政策に関して中央政府からの独立性が強くインフレ抑制に効果をあげている連邦銀行をもつドイツの例を参考にすべきだという。

第三は、中央政府の財政は弱いが、地方政府と市町村に活力のあるイタリアの例を参考にすべきだという。

そのうえで、アソシエーションによる新体制が政策目標として掲げるのは、市場原理では解決できない供給と需要のアンバランスを解消するとともに、人間の自発的労働による社会参加を振興する国民の「最低所得保障」である。これはかつてギルド社会主義者がめざした構想である(8)。

ハーストは、財源の再配分のための税・財政は、直接の利用者ではない議会や官僚機構では運営できないと考え、アソシエーション体制でこそ、市民が身近なニーズを積み上げ、また無駄を削るシステムを構築することができるというのである。そのためには、道路、水道、学校、教会、病院、老人ホーム、その他の必要な施設・設備の整備は、協同組合コミュニティの全国的ネットワーク組織に権限を移譲し、予算を自主的に編成できるようにする必要がある。

**アソシエーション連合福祉国家とは**

ハーストは、アソシエーション連合の自治による福祉国家のモデルを提起している。その考え方は、協同組合コミュニティ国家の構造に通じるものがあるので、「アソシエーション」を「協同組合コミュニティ」と読み替え、「福祉」を「公的事業」と置き換えると、第4章のスペイン・バスク自治州とその協同組合法、第5章のイタリアの社会的協同組合を理解するうえで参考になるであろう。以下、福祉国家モデルの要点を紹介しよう。

ハーストによるアソシエーション連合福祉国家の原理は次の二つである。

①アソシエーションは、従来、国家が公的事業として直轄してきた福祉事業を国家から委譲されておこなう。その理由は、アソシエーションの福祉事業はサービスの提供者と受給者がパートナーシップの関係を結んでおり、病人、高齢者、幼児、障害者などのように個人の状態によってニーズに個人差があるサービスをきめこまかく痒いところに手が届くようにおこなうことができるからである。また、生活保護や最低所得保障のような社会保障の基本的政策においても、労働機会の提供と調整などの面で人間的配慮がうまくおこなわれる。

アソシエーションの福祉事業は個人の自発的参加を基本原理としているため、サービス受給者は不満足ならば脱退することができる。

要するに、個人的事情を配慮すべき福祉事業では、公的基準に拘束される国家の画一的行政よりもアソシエーションがおこなうほうがより合理的である。

②アソシエーションがおこなう福祉事業は公的資金によって実施される。

アソシエーションの福祉事業の組織構造と財源を示したのが図表2である。

福祉の活動現場は各アソシエーションであるが、セクターとしての運営の中心になるのは、権力が集中し、また人的、資金的資源が集積する地域レベルでのアソシエーション連合基金議会である。この議会は市町村レベルのアソシエーションの代表によって構成され、他の地域と協力して最低所得保障をはじめとして地域福祉の統一基準を定め、富裕地域から貧困地域への補助の調整にあたる。福祉の統一基準の設定にあたっては、アソシエーションの代表と専門家が協議して決める。地域政府は連絡事務にあたるだけで、福祉基準の内容の決定にはかかわらない。この点は中央集権的官僚国家とは大いに違っている。統一福祉基準の設定の権限と設定の手続きは立法府によって法制化される。その実施にあたって協議がまとまらないときは、連合政府が選任した裁定者が裁定する。

地域税務当局が徴収した税は全国レベルでの連邦財政議会に納入され、国家の公的借入金と合わせて、地域に再配分される。富裕地域が統一基準にしたがって貧困地域に補助金を支払うことが完了しない間は、富裕地域はその市民にたいして税の軽減をすることができない。アソシエーション連合基金議会は、そのほかに地域アソシエーション連合にたいして使途自由な資金を配分することもおこなう。

このようにアソシエーション連合国家は、公的国家から福祉事業と資金を委譲されて実施するのであるが、問題がないわけではない。協同組合コミュニティと同様にアソシエーションは自発的加

## 図表２　アソシエーション連邦国家の税制

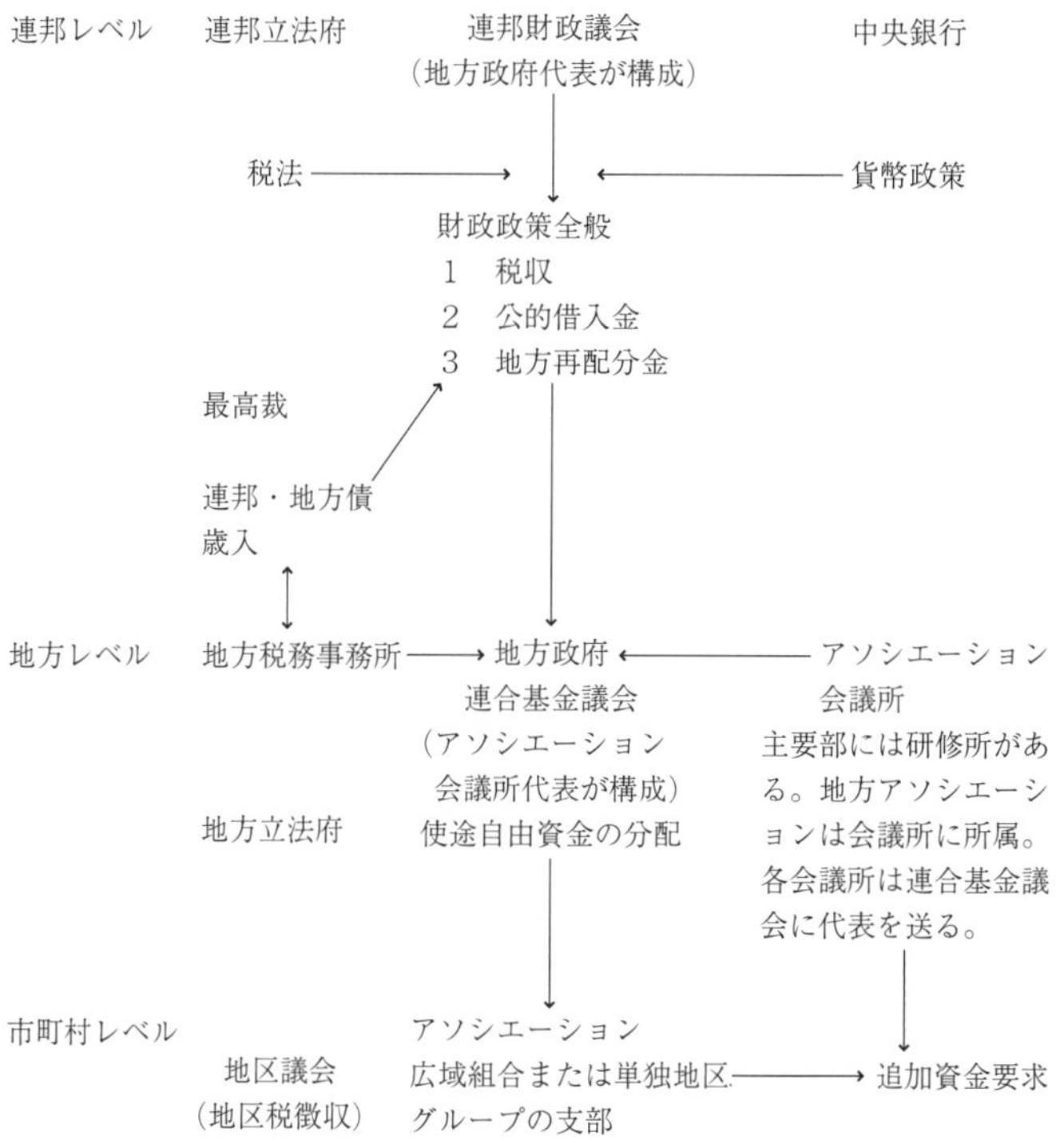


出所：P. Hirst, *Associative Democracy*, p. 187.

入の組織であるから、市民の全部が加入しているわけではない。非加入者には公的団体やほかの民間組織が対応することになる。また加入者のなかでもアソシエーションの福祉事業を利用する人と他の団体の市場サービスを利用する人の格差についてはどうするのか。それが強制力のないアソシエーションの悩ましい問題である。解決はアソシエーションのサービスの質と価格と人間的信頼関係にかかってくる。

アソシエーション連合国家は、しだいに分担する公的機能の分野が大きくなるが、すべてを支配するわけではなく、政治的には他のセクターの長所を認め、政治的多元主義に立脚せざるをえないのである。

以上の諸節をつうじていえることは、時代によって協同組合のシステムも変われば国家の構造も独自に変わるということである。したがって両者の関係は歴史的に検証する必要がある。次章では、それを協同組合の「世代」別におこなおう。

**注**

(1) テンニエス著、杉之原寿一訳『ゲマインシャフトとゲゼルシャフト』下、岩波文庫、一九五七年、一三五頁。

(2) 前掲書、一三六頁。

(3) 略歴と活動業績については、フーバー、ロバートソン著／拙共訳『新しい貨幣の創造』（日本経済評論社、二〇〇一年）のダグラスについての解説を見よ。

(4) テンニエス前掲書、一七八〜一八〇頁。
(5) ギールケの未完成の大著『ドイツ・ゲノッセンシャフトレヒト(ドイツ・組合法)』は邦訳がなく、原文を見る機会もないので、以下の論旨は遠藤泰弘氏の好著『オットー・フォン・ギールケの政治思想』を参考にしたことをお断りしておく。
(6) Paul Hirst; *Associative Democracy*, Polity Press, 1994, p. 20.
(7) ibid. p. 45.
(8) 前掲『新しい貨幣の創造』の解説「C・H・ダグラスとA+B法則」を見よ。

# 第3章

# 協同組合・コミュニティ・国家——世代論的考察

第Ⅰ部ではここまで、レイドローの協同組合コミュニティ論を吟味するとともに、その思想的背景を探ってきた。本章では協同組合コミュニティという思想を歴史的に位置づけるため、協同組合とコミュニティ、さらには国家のかかわりについて時代を追ってたどってみよう。

近代協同組合は産業革命前後の資本主義の社会経済的関係のなかで組織され、資本主義の発展過程とともにその思想、社会的役割が変化していった。国家に集約される政治構造も独自に推移してきた。社会の下部構造と上部構造の不条理な歴史的推移を、協同組合システムの変化の過程に即して、「世代論」的に区分するとわかりやすい。

## 1　第一世代——コミュニタリアンによる草創期

### オウエンのニュー・ラナーク工場

ロバート・オウエンがスコットランドのニュー・ラナークで経営する紡績工場で、労働者たちが自主運営する小さい購買店舗が開設された（一八一三年）。これが協同組合のはじまりである。それは工場コミュニティの自給自足生活の一部であって、個人の加入脱退が自由な現在の協同組合の原理に基づくものではなかった。

その後、オウエン主義の後継者たちはイギリスやアメリカの各地で入植コミュニティ（共同村）を建設した。その経済は自給自足が原則であって、市場に生産物を販売し、生活物資を市場から購入するシステムではなかった。かれらはコミュニタリアンと呼ばれ、土地と資本を共同所有・共同管理（経営）していて、個人主義に基づく協同組合人をつくることを目的としてはいなかった。そのコミュニティ（共同村）は人間性の確保と相互扶助を原理としていて、その意味では第二世代以降の協同組合の理念を内蔵していた。

### ユートピア社会主義者がめざした世界

第一世代の協同組合の指導者、サン＝シモン、ロバート・オウエン、フーリエらのいわゆるユートピア社会主義者の時代は、トーマス・ホッブスの「リバイアサン」の世界、すなわち中世のキリスト教会支配に対抗して、世俗の絶対君主が台頭する時代であった。ユートピア社会主義者たちは絶対君主制を支持していなかった。かれらが支持したのは共和制コミュニティである。かれらコミユニタリアンがめざしたのは、自給自足の農工共同体（コミュニティ）の社会であった。かれらは絶対君主制国家を忌避したが、そもそも国家意識が希薄であった。かれらは階級なき社会をめざしたのであるから、階級的国家論を想定する理由がなかった。しいていえば、国とは地域共同体（コミュニティ）の連合体という漠然とした想念であった。

## 2　第二世代――ロッチデール方式の協同組合

### ロッチデール協同組合の創立

協同組合の第二世代は、イギリス産業革命末期の一八四〇年代、労働市場の拡大とともに地域共同体が崩壊した後、マンチェスターの労働者たちが市場経済に対応して食糧と生活物資を共同購入するために創立したロッチデール・パイオニア組合によってはじまった。この組合の創始者たちのリーダーなかにはオウエン主義者がいた。当時は市場経済が未発達なため不良品が出回る状況のなかで、労働者たちが自主的に購買組合を設立し、品質保証、定価販売を定着させつつ、共同購入の収益を利用高に応じて期末に組合員に払い戻すという独自の方式を編み出した点に特徴がある。この方式は、収益を出資金（株）に配当するのではなく、利用高という組合員の参加の度合いに応じて還元するという直接参加を優先する点に労働重視の思想が表現されていた。そしてヨーロッパのこの方式の労働者消費組合はさらに一般市民の消費組合として普及した。

ロッチデール協同組合方式は市場経済の時代に対応する労働者階級のオルタナティブな生活防衛方式といえるもので、資本主義の全面的発展期、すなわち資本に従属するプロレタリアートの現実対応的な協同組合システムである。換言すると、近代労働者が労働を資本に売る自由と資本からの人格の自由という雇用生活者の消費者協同組合であるということができよう。

## ICAの設立と協同組合原則

その後、ヨーロッパを中心に、消費者組合のほかに初期の労働者生産組合、農業・中小商工業者の購買組合、販売組合、信用組合が設立された。これらの業種の異なる組合が増えるにつれて、一八九五年に設立された国際協同組合同盟（ICA）は、加入資格を定めるため、協同組合原則を定める必要に直面した。その際、消費者組合に適するロッチデール原則を他の業種の協同組合に適用できるか否かをめぐって激しい論争が続いた。その結果、一九三七年に協同組合の七原則（①加入・脱退の自由、②一人一票の議決権、③利用高配当、④出資金にたいする配当制限、⑤政治的・宗教的中立、⑥現金取引、⑦教育の促進）を採用した。この原則はロッチデール方式による市場経済適用型協同組合の標準的システムを集約するもので、一九八〇年のレイドロー「報告」による批判まで、世界の協同組合の基本原理となった。

## 第一次大戦と「国家」の変貌

第二世代の協同組合は、階級社会の広がりとともに量的には拡大したが、システムとしての変化は見られなかった。それにたいし、国家は第一次大戦を境として、この期の前半と後半でドラマティックな変化を遂げていった。

一九世紀後半から二〇世紀の初期にかけて、国家は企業にたいして自由放任主義をとり、自由競争による市場原理に全幅の信頼を置いていた。いわゆるブルジョアジーの支配する政治形態は、共和制あるいは立憲君主制をとるかによって多少の相違はあるが、F・ラッサール（一八二五～六四）のいう「夜警国家」の時代であって、国家は資本家の所有財産を守る警察と軍隊を擁するだけで、市民経済には関心がなかった。あるいは、市場経済の自由に身をまかせた。

しかし現実は階級社会であるから、支配階級であるブルジョアジーは、資本主義企業の苛酷な搾取から労働者階級の解放を要求する社会運動にたいして、警察と軍隊を使って容赦なく弾圧を加えた。そして社会革命運動の側からは国家の「暴力装置」説が生まれ、国家論は政治権力論に特化していった。国あるいは国家は地域共同体の連合体として、全体的に考察されるべきであるにもかかわらず、権力すなわち国家機構としてもっぱら政治学的側面から論じられるようになったのはそのためである。

他方、第二世代の協同組合は、当時の社会改良主義者たちにとっては、社会主義への過渡的組織のように評価された。イギリスのフェビアン協会（一八八四年創立）の漸進的社会主義運動はその典型である。ウエッブ夫妻らは、政治における議会制民主主義と経済における消費組合があれば、民主的社会主義の創設は可能と考えた。その後、階級闘争の戦略としての協同組合の意義については、ベルンシュタインらの第二インターナショナルとレーニンの第三インターナショナルの激しい理論的、組織的闘争を招いたことは周知の事実である。そして、レーニンが指導する左翼社会主義運動は、協同組合を階級闘争に従属するたんなる手段としか見なくなった。しかしその結果は、ソ連型社会主義の不毛な体制をつくり出した。またこのような左翼協同組合論は、現実的にも資本主義の変革や改良において効果がなかった。

この時代に注目すべき運動は第2章で触れたギルド社会主義の台頭である。G・D・H・コール（一八八九〜一九五九）らのこの組織的運動は、生産様式に協同組合の原理を導入した社会体制を展望するものであった。コールはギルド社会主義の運動をナショナル・ギルドに発展させることを想定していた。その考え方とは、ギルドの管理下で産業を公有化し、労働者は利潤の分配ではなく、生産手段の所有者としての国家との協約による標準賃金を受け取ることとする。そして、国営産業の官僚による管理ではなく、消費者大衆の利益を保護しながら、生産者に自治を保障する社会主義を意図した。かれらは第一世代のオウエン主義の流れを汲むものではあるが、卸売協同組合（C・W・S）との連携が進まなかったので、第一世代の共同村よりも短時間に崩壊した。(1)

## 経済恐慌、統制経済と協同組合

さて、状況は急展開する。第一次大戦後、自由主義を信頼してきた市場経済に世界的な経済恐慌が断続的に発生した。それはアダム・スミス以来の市場経済の自動調整原理にたいする信頼を覆す重大な事態で、資本主義の未来に悲観的なシグナルを送るものであった。ケインズはこれを「自由放任の終焉」（一九二六）であきらかにした。ケインズは自由主義経済において、供給にたいして有効需要が構造的に不足することを認め、国家による自由経済への介入の必要性を主張した。ケインズ理論を境に、国家は「夜警国家」から「財政主導国家」へと転換していった。

ケインズが資本主義の延命のために、公共投資によって雇用を創出し、金融市場に国家が介入する公的メカニズムを提唱したことは周知のところであるが、一九三〇年代後半からの国家による民間経済への介入は、第二次大戦の準備または戦時下の経済統制としてであった。財政主導が実際に発動されたのは、むしろ第二次大戦後の復興と福祉国家への移行の時代であって、そこでは経済統制の強化とともに、協同組合は生活物資、生産資材の価格をはじめ自主的な物流を全面的に規制された。第二世代の協同組合の社会的役割はただの物資配給機関となるので、存在意義は著しく制限されざるをえなくなる。そして第二世代の協同組合は事実上、終焉を迎えたのである。

福祉国家への移行によって協同組合セクターが発展するのではなく、逆に第二世代型の協同組合は独自の活動分野が失われ、存在意義が薄くなってしまった。

## 3　第三世代――「福祉国家」のもとでの協同組合

### 協同組合が社会政策を担う

第三世代は、レイドロー報告以後ということになるが、その前に労働者、市民の意識に変化が起きた。市民社会の興隆とともに、市民階層は経済的協同組合のほかに、労働者協同組合をはじめ福祉、医療、教育など、諸種の社会的ニーズにこたえる協同組合を自主的に設立しはじめた[2]。それについて、私はかつて次のように説明している[3]。

第三世代の協同組合は従来の購買、販売、信用協同組合のほかに、ワーカーズ・コープや保健医療協同組合、住宅協同組合、教育協同組合など、社会目的をもった部面に進出することになった。このように登場してきた協同組合の担当分野は、工業社会の階級制度の中で、従来は国家が社会政策として実施してきた分野である。したがって、第三世代の協同組合のこうした特徴は、視点をかえていうと、国家が階級対立の矛盾を緩和するために、行政の中にかかえこまざるをえなかった社会政策的事務を、協同組合の運動に引きもどし、自己のセクター中に内部化するものといえよう。

第三世代の協同組合はこのように、地域社会や国家レベルでの社会政策の面で、公的セクターの一部に自己を拡張するのであるが、さらに国際レベルで第三世界の開発援助を非政府機関として担当したり、協同組合貿易を通じて第三世界の食糧援助や必要物資の供給をしたり、生産物にたいする市場を提供できる。この点で第三世界の協同組合は第二世代のそれよりも著しく活動範囲を拡げている。

しかし、協同組合内部体制が第二世代の消費組合に代表される間接民主主義のまま、公的セクターの一部を内部化すると仮定すると、それは協同組合を国家セクターに従属させることになり、官僚制を導入する結果となることは火を見るより明らかである。幸い、第三世代の協同組合を特徴づけるワーカーズ・コレクティブや住宅協同組合は直接民主主義による自主管理の学校である。第二世代の協同組合は民主主義に関して、組合員の意識も内部統制システムも異なった発達の仕方をしている。したがって協同組合の中への公的仕事の内部化にさいしても、それは行政事務の単なる下請事業化のかたちをとらず、組合員参加による自主管理のシステムに改変して実行することになる。その方が行政でおこなうよりも、より良い成果があがるからである。内部化によるシステム変換が不可能な場合は、社会政策的行政は国家の責任にまかせ、協同組合セクターとしては受託しないことになる。少なくとも協同組合セクターとしては、組合員参加の方式でおこなう意味がないからである。

## 「福祉国家」への移行と協同組合の限界

第三世代の協同組合の時代は、国家が「福祉国家」を標榜する時代に対応している。第二次大戦後、国民経済が復興し、一定の経済成長の軌道に乗った一九六〇年代以降と考えられる。国家は、完全雇用、最低所得保障、保健制度の充実、公共投資による社会資本の整備など、社会福祉を国家目標に掲げる「福祉国家」に移行した。

「福祉国家」のもとで第三世代型の協同組合は、民間の経済組織として一定の復興を遂げるが、経済の公正性、組合員の生活改善、相互扶助、非営利活動などの経済活動の理念だけでは存在価値を主張できなくなる。資本主義にたいして自己主張できるのは、安全な食品提供とか環境にやさしい物資の供給などの面に限定されてきた。

しかし「福祉国家」は新たな矛盾をつくりだした。基本的には、国家の役割が肥大化し、「大きな政府」が公的セクターとして出現したことである。そして対抗する民間営利企業との役割分担をめぐって、マクロ経済におけるセクター論に道を開くことになった。さらに公私の二大セクターのあいだに、混合経済の第三セクター、すなわち民間経済組織ではあるが非営利的な社会活動もおこなうセクターが想定されるようになった。この第三セクターはかならずしも協同組合だけを意味するわけではないが、協同組合は第三セクターに類似する中間団体であることには相違ない。

## 社会の変化とワーカーズ・コープの発生

「福祉国家」の成熟とともに、国民経済の第三セクターの存在を下支えする社会の変化が進んだ。市民のあいだの核家族化、生活様式ならびに生活水準の規格化、教育・文化・生活意識の平準化である。この規格化された大衆民主主義を基盤として、協同組合は第二世代から第三世代へと移行したのであるが、その状況のなかで目覚ましい変化がおきた。

第二世代の協同組合の時代に生起した労働者生産協同組合ないしギルド社会主義は主として男性の工場労働者ないし職人労働による生産を主とする組織であったが、第三世代の協同組合では、一般市民が市民生活のなかで、男女を問わず自分の個性を活かすために、あるいは生き甲斐のために、生産、サービスの各種の分野で、ワーカーズ・コープ（コレクティブ）を組織し始めたのである。

「福祉国家」による社会の平準化が、協同組合の第三世代化を特徴づけるワーカーズ・コープ発生の社会的背景になったし、またワーカーズ・コープの社会活動によって協同組合全体として混合経済内での役割が広がり、第三のセクターとしての存在意義を整えたのである。

## コミュニティとのかかわりが問題に

国家の「福祉国家」化は協同組合にたいして、さらに一つの問題を提起した。それは社会資本の整備にともなうコミュニティとのかかわりの問題である。国家は道路、上下水道、保健医療施設、小中学校、文化施設、集会施設などの社会資本の整備を通じて、意図的であると否とにかかわらず、地域生活共同体を再編成する。第二世代型の協同組合は、個人としての組合員の組織であり、地域社会（コミュニティ）に関心を持つ必然性がなかったし、そこに足場を持たなくとも営業ができた。したがって社会資本の整備がつくり出すコミュニティの変容に無関心であったし、協同組合が能動的にコミュニティの再編に参加することもなかった。

しかし、第三世代で形成されたワーカーズ・コープの地域社会での活動とともに、組合員でない人々、特に幼児、高齢者、障害者を含むコミィニティの問題は、第三世代の協同組合が避けては通ることのできない課題となった。第三世代と第四世代の協同組合は、もはや組合員だけの内向きの組織原理から脱して外向きに発展しなければならなくなった。

## 4　第四世代──「公共の利益」をはかる外向きの組織へ

### 「公共の利益」が協同組合の目標に

第四世代の協同組合は、第三世代の協同組合の内部システムを踏襲するが、活動分野がマクロ的になり、さらに目標を地域コミュニティの「公共の利益」におく点で、活動が外向きに積極的になる。その特徴を、私はかつて次のように述べた(4)。

第一　第四世代の協同組合は「公共の利益」の一部を担う法人である。

医療や福祉の協同組合はその事業が直接的に「公共の利益」に関係するものであるが、農業や林業をはじめその他の業種の協同組合においても、現代においてはその事業が、間接的に「公共の利益」に関係する部分がひろがってくる。したがって第二、第三世代の協同組合が第四世代に転化する条件が少なくない。問題はそのような環境が熟しているかどうか、またそれにたいする問題意識が育っているかどうかということである。たとえば教育がそうである。小中学校の制度が公立と私立の二分法ではなく、協同組合方式が制度として公認されていれば、生徒、教師、父兄が学校を教育協同組合として設立するケースも出てくるであろう。その他、電力、下水道、廃棄物処理などの分野でも、第四世代の協同組合が形成される条件がある。生協の場合、たとえば輸入野菜の危険薬剤の検出について、自分たち組合員を守るためだけではなく、他の一般消費者の安全をも守るために、協同組合独自の品質検査の施設を設け、結果を公表することになる。

第二　組合員の種類は多元的あるいは多層的である。

①組合員

組合員となることができる者は組合の株を所有し経営に参加する個人である。もちろん協同組合と競合する事業をおこなう者は組合員となることができない。

②専従者組合員

その協同組合で働く専従者は組合員となることができる。ただし専従組合員が理事となる場合、組合員理事の数を超えることは、専従者の意向が理事会の意思を支配することになるから、出資組合員理事の票数を上回ることのないように調整される。

③賛助組合員

その協同組合の趣旨に賛同する個人、私的法人、公的法人（市町村、公益法人）、ＮＰＯは賛助組合員になることができる。ただし賛助組合員は総会において発言と投票することは制限される。

第三　第四世代の協同組合は「公共の利益」を推進するために、異種の協同組合からなる事業連合をつくることができる。

たとえば、地域住民の保健のために農協と医療生協の連合、山村の生態系農業の創造のための農協と森林組合の連合、地域経済の振興と就労確保のための農協と漁協の連合、食品安全確保や廃棄物の循環処理のための生協と農協の連合がそれである。

第四　剰余金の出資配当については、賛助組合員が求める場合以外は、原則として目的としない。剰余金の利用高配当は抑制し、むしろ施設の充実、準備金への充当、公益的事業への援助のための基金の積み立てにあてる。

第五　第四世代の協同組合は社会監査をおこなう。

第四世代の協同組合は「公共の利益」に関する事業をおこない、それにともない賛助会員制を導入する組合では、会計監査だけではなく、その事業の評価のために、外部にモニターを委嘱したり、一般アンケートなどの方法で社会監査を実施する。社会監査とは、その協同組合の事業が、たとえば地域社会の雇用の創出に貢献した程度（質と量）とそのために協同組合が払った費用（質と量）の具体的評価である。環境会計はその一種である。

## 新自由主義の国家と協同組合の役割

国家に目を転じると、「福祉国家」は公債発行に依存する財政の累積赤字が顕在化し、二一世紀に入ると破綻の危機が広がった。また公的セクターの官僚制経営の非能率性が指摘され、再び市場原理の復活を主張する新自由主義が復活した。新自由主義の国家は一九世紀の一国の「夜警国家」とちがって、巨大企業の利潤のために国内の産業と雇用を空洞化しても海外市場に企業を移し、また資源開発をおこなうことを支援する「世界の番犬国家」である。

新自由主義によるグローバリゼーションに対抗するには、国内農業・商工業の循環を回復することによって、産業の空洞化を阻止し、働く場を回復する経済原理を樹立しなければならない。換言すれば、人間主義の原理に立つ地域経済を構築しなければならない。それには相互扶助すなわち参加・連帯を建前とする協同組合の原理を再評価する必要がある。また協同組合は組合員の利益だけの内向きの経営方針を再検討して、地域社会のための積極的経営に転換しなければならない。

協同組合の体制は消費と生産を循環的に組み合わせた再生産の観点から再編成される必要があり、その契機はコミュニティすなわち地域生活共同体に根ざした第四世代の協同組合に変わることにある。地域の公的活動に対応できる第四世代の協同組合の鍵になるのは、ワーカーズ・コープの形態をとる企業活動である。さらに決定的に鍵になるのは、協同組合を基礎としたローカル・パーティ（地域政党）である。地域政党は協同組合の利益代表であってはならない。ローカル・パーティは協同主義に立つ政治構想を推進する社会集団であるべきである。すなわち、従来の職業政治家ではなく、また官僚機構に任せる政治ではなく、現場に精通した民衆の政策づくり集団でなければならない。

## コミュニティの連合体としての市民国家

以上のように協同組合の発展過程を歴史的に理解すると、それに対応する国家とコミュニティの概念は、従来の政治学的国家論よりも幅を広げて論じる必要がある。国とはもちろん独立国家のことであり、主権国家のことであるが、その前提には、国土、資源、言語、歴史的文化、宗教、広い意味での価値観（倫理観）などを共有する国民がある。その共有感の上に近代独立国家が成立するのである。

中世村落共同体には、生存に必要な共有地や資源に関しては占有権があった。近代協同組合には共同体的な調整権も警察権もない。しかし資本主義社会における労働者の労働の社会的価値の自覚が、やがてワーカーズ・コープのような地域における協同労働の価値の発見に発展する。そして、その自覚は、協同組合運動の自治と連帯のシステムから社会的有用労働一般の共同体としてのコミユニティを概念化するようになる。そして労働の価値観を基礎としたコミュニティの連合体としての新しい市民国家が形成される。

協同組合コミュニティは社会的有用労働の概念を社会一般に普及させることによって、地域共同体を革新的に復古再生させるのである。コミュニティは資本の論理ではなく、古くて新しい協同労働の論理によって再生する。この復古革新の歴史法則は、ギールケが西洋の一三世紀から一六世紀にかけての中世の政治（国家と法）の理論のギリシア・ローマの古典への復帰による革新として論証した。日本では福本和夫がその著作『日本ルネッサンス史論』で、歴史における復古革新の発展法則を明らかにした。

**注**

（1）G・D・H・コール著（*A Century of Cooperation*, 1944）森晋監修・中央協同組合学園コール研究会訳『協同組合運動の一世紀』（家の光協会、一九七五年）第九章を見よ。

（2）この変化を最初に指摘したのは、イギリスの Jenny Thornley（*Workers' co-operatives: jobs and dreams*, 1981）である。石見尚訳『職そして夢――ワーカーズ・コープの思想と運動』（批評社、一九八四年）を見よ。

（3）拙著『第三世代の協同組合論――系譜と展望』論創社、一九八八年、二四一～二頁。

（4）拙著『第四世代の協同組合論――理論と方法』論創社、二〇〇二年、七九～八二頁。

# 第II部　協同組合コミュニティへの胎動

# 第4章　バスク協同組合法の意義

第四世代の協同組合の時代には、地域社会のニーズに応じて多種多様な協同組合が創設される。そのような状態で、協同組合間の連携を可能にするには、協同組合の共通の理念と原則に立った、協同組合の統一法制の制度設計が必要になる。

一九八〇年のレイドロー報告以後、関係者は協同組合原則の改訂に向けて、協同組合の現代的価値を検討し続けてきた。その結果生まれたのが一九九五年の「協同組合のアイデンティティに関する声明」の形をとった協同組合の定義と価値と七つの原則である[1]。

それに先立ち、スペインのバスク自治州はみずからの経験と目標にもとづいて、独自に一九九三年協同組合法を制定した。その内容は国際協同組合同盟（ＩＣＡ）の新原則のめざすところをすでに示唆し、逡巡する世界の協同組合の背中を後押ししているようである。ひとつの小地域の経験と思想が世界のモデルとなる時代である。以下、バスク協同組合法の現代的意義について解説しよう（巻末の付録も参照してほしい）。

## 1　バスクの自治憲章と社会的インフラとしての協同組合

### バスクの産業と協同組合

スペインの北部にあるバスク地方は、言語、習俗ともにスペインの他の地方と異なるバスク人の多くが住む地域である。この地方はスペイン中央政府からの独立運動を続けてきたが、一九七八年、スペイン憲法の改正によって自治州（構成はアラバ県、ビスカヤ県、ギプスカヤ県の三県、ナラバ県は保留）となった。国土面積七二三四平方キロメートル（山形県または静岡県にほぼ匹敵）、人口は二一五万人、人口密度は二九八人／平方キロメートル（栃木、群馬、広島県の水準）である。バスク北部は大西洋に臨む海岸地帯で内陸は中山間地帯である。造船、鉄鋼、機械工業が基幹産業で、農牧、林業、漁業と観光業を補助的部門とする産業構成を採り、スペインの先進的工業地域である。就業構造はサービス業五三パーセント、工業三四パーセント、建設八パーセント、農林漁業五パーセントで、日本に似ている。

協同組合は良く発達していて、生協組合員は六七万（総世帯の約八〇パーセント、二〇一一年推定）、店舗二三八〇、従業員五万人、労働者協同組合は四〇二事業所、組合員二万八〇〇〇人、農協は三二組合、組合員の農地面積は農地全体の四七パーセントである。一九八九年、俳優の緒方拳がバスクの農家に一年間滞在した生活記録が放映された。バスクの山間部の人々の人情味あふれる素朴な農牧生活は、日本人に強い感動を与えた。

政治では、バスクの独立と自由を求めて武装闘争を続けているイータ（ETA）が有名であるが、政党では穏健な独立運動方針をとるキリスト教民主主義系のバスク国民党が長く政権党となっている。左派はスペイン中央の社会党に属する社会労働党が優勢である。国家機構は三権分立制をとり、政府の形態は議院内閣制を採用している。

## バスク自治憲章と協同組合の位置づけ

政治体制とは別に注目すべきことは、住民投票によって成立したバスク自治憲章（一九七九年）において、協同組合がバスク国の社会インフラストラクチャーであって、その発展を政策課題として重視していることである。憲章の文脈は次のようになっている。まず国の政策大綱として次の五項目をあげる（憲章第九条）。

（a） 市民の基本的権利と義務の適正な行使を擁護し保証する。

（b） 生活条件と労働条件の改善を目的とする政策に重点を置く。

（c） 高水準の雇用と経済安定の推進を支援する手段を採用する。

（d） 個人とグループの自由と平等が効果をあげ実現するような方法で、良好な条件を推進し妨害を除くことを目的とした方法を採用する。

（e）バスク国の政治、経済および社会的生活に市民の参加を可能にする。

次に、上記大綱五項目の実現のために、政府管掌事項として三九を挙げ、山林・林業資源・牧野、農畜産業、漁業、水資源・運河・エネルギーの配送施設などの物的基盤と並んで、協同組合を社会福祉、教育・文化の基金、社会復帰の組織などの社会的基盤の一つとして認めている（同第一〇条）。実際、バスク自治政府は国家が独占していた直轄事業のかなりの部分を協同組合セクターの自主的部門に移譲している。

## 2　第四世代型のバスク協同組合法——協同組合コミュニティづくりへの布石

### 協同組合とは何か——バスク法の定義

一般的に協同組合法には定義が必要である。まして、協同組合セクターとして、公的セクター、私的企業セクターに対抗する独自のセクターであることを宣言するには、協同組合とは何かを明らかにする説明責任がある。それが定義である。

あとで詳述するが、日本の各種の協同組合法は、省庁ごとに分立しているので統一した定義がない。ないのではなくできないのである。そのため各協同組合法は定義抜きで、すべて第一条「目的」からはじまっている。わずかに定義の断片と見られるのは、生協法で「一定の地域ないし職域による人と人の結合」という社会的概念があり、中小企業等協同組合法に「相互扶助の精神に基づき協同して事業する」という経済的規定があるくらいのものである。

この点、バスク協同組合法（以下、バスク法という）は、まず冒頭（第一条）で協同組合を次の三要件を備えるものと定義している。

①協同組合は組合員の経済的、社会的活動を推進することを優先的目的として、組合員の積極的な参加の要求を満足させ、協同組合原則を順守し、周囲のコミュニティの世話をする団体である。

②協同組合の構造と機能は協同組合原則と調和し、他の公的機関や民間団体にたいして十分に自主独立性をもって行動するものとする。

③協同組合は協同組合の要件と原則に合致しないとして法律で禁止する活動以外は、いかなる経済的、社会的活動もすることができる。

上記の第一項で「組合員の参加」、「協同組合原則の順守」、さらに「周囲のコミュニティの世話」というのがキーワードである[2]。第二項では「他の公的機関や民間団体にたいして十分に自主独立性をもって行動する」とあるのが、協同組合セクターの自立性を示すものである。そして第三項の「活動の自由」は民衆の主権に基盤を置くことを鮮明にしている。行政支配からの自由、民間大企業等の下請け組織化しない自立の確保の問題であり、協同組合は官庁や大企業ではできない独自の事業を開発し展開することによって、市民が自分たちでなくてはできない痒いところに手の届く仕事をすることに意義があることを明らかにしたものである。

### 日本になぜ統一協同組合法がないのか

このようなバスク法の明確な定義と比較して、日本の現状を見てみよう。日本では各種の協同組合は、監督官庁別の縦割りの協同組合法によって分裂した状態になっている。

この原因の一つは、第二次大戦後、日本を占領統治した米国軍政部（GHQ）内の事情にある。ワシントンから派遣された対日政策部局では、日本の民主化政策を担当したのは民生局、工業と労働政策を担当したのは経済科学局、農林漁業政策を担当したのは天然資源局であって、GHQはそれぞれの専門家の混成集団であった。当然、かれらの間には縄張り意識があった。

そもそもアメリカの協同組合法は州法典に属していて、州によって相違がある。たとえば協同組合を一般会社法に入れている州があるかと思えば、非営利団体に入れている州もある。ワーカーズ・コープを法制化している州と、そうでない州もある。だからアメリカには統一協同組合法の概念がはじめからないのである。それがGHQの日本の協同組合政策に反映した。

さらに他の事情が加わった。GHQは占領政策の推進にあたって、日本の既存政治機構を民主化するため旧体制下の政治家を追放したが、旧内務省を除いた官僚機構は大筋において温存し、それを占領行政に利用したのである。そして、戦前からの産業組合を解体するとともに統一産業組合法は廃止され、所管官庁別の縦割りの各種の協同組合法に分割された。

その結果、農林省は農協法、林野庁は森林組合法、水産庁は漁協法、中小企業庁は信用金庫・組合を含む中小企業等協同組合法を所管することになり、それらの法は所管官庁の性格を反映した産業経済の団体法的性格の強いものになった。

信用金庫・信用組合が中小企業等協同組合法で運用できるかどうか疑問があるが、事実上、金融行政では旧大蔵省から分離した金融庁との共管になっており、護送船団方式の金融政策の末端に位置づけられているのではないだろうか。農協の信用事業も同様である。

厚生労働省が所管する生協法は、GHQの民生局の意向が働いて社会法的性格が強いものになっている。なによりも奇妙なのは、労働の価値観から社会法として立案されるべきワーカーズ・コープが経済事業的観点から中小企業等協同組合法のなかに「企業組合」として編入されていることである。そのためワーカーズ・コープの本質が貫徹しなくなった。

このようにして、日本の協同組合は性格的に分断され、しかも縄張り意識の強い官僚行政の聖域となった。これでは、統一した協同組合セクターの形成は不可能である。

## バスク法では協同組合を独自セクターとして位置づける

日本とは対照的に、バスク法では各種協同組合が一つの協同組合法に統一されている。統一にあたって、共通事項は第一編の「総則」にまとめ、各種の協同組合の特性に応じて配慮すべき項目は第二編、行政と協同組合の関係は第三編、協同組合の連合組織と機能については第四編として構成している。

統一協同組合法は公共セクター、民間資本主義企業セクターにたいして、協同組合を独自のセクターとして位置づける意味がある。とくに協同組合コミュニティを形成するには、諸種の協同組合が連携する必要があるので、共通性と特殊機能を相互に理解するうえで効果がある。また、第四世代の時代には新しいタイプの協同組合が創設されることが予想されるが、バスク法では第二編に追加することで法制化に対応できる利点がある。このような点を配慮すると、これからの協同組合法の基本的な形態といえるであろう。

### 三位一体性の組織原則と外部との協同行動

協同組合の組織原則というと、組合員による所有、運営、利用の三位一体性であるが、これだけでは協同組合の活動が組合員の中だけに限定されて内向きの閉鎖組織になってしまう。これでは非組合員の少なくない地域で協同組合コミュニティをつくることができない。

バスク法は第三者との活動を重視し、社会的信用を確保するため、まずリスクの補償を担保するための最低資本金を定めている（第四条）。また協同組合の社会目的の実現に部分的に協力できる個人や公私の法人を「協力組合員」（コラボラドール）にすることができるように組合員の幅を拡げ、かれらに総会と理事会において三分の一以内の議決権を付与していることが注目される（第一九条）。

協同組合コミュニティづくりにはワーカーズ・コープや信用組合・信用金庫、共済組合のような外部に働きかける協同組合が必須である。これについては後述する。

**協同組合は登記で成立する**

日本の協同組合の設立は主管官庁の認可を必要としており、これが協同組合の自主性を損なう発端になっている。

バスク法では協同組合の自主性を尊重し、認可ではなく労働社会保障省の登記所に登記することで設立する。自主性を重んじる代わりに、設立集会で承認する定款が重要になる。協同組合の運営においては、定款が法律に準じる役割を持っている。そのため最低記載事項を詳しく定めている（第一三条）。

日本の「協同労働の協同組合法」（素案）の国会での検討会では、組合員を社会保障の適用上、法律において労働者とみなすか自営業とみなすかが大問題になったが、バスク法ではそれぞれの組合が定款で決めればよいことになっている（第九九条）。

**組合員の資格と義務・権利**

協同組合の組合員は自然人と法人であるが、前述のとおり「協力組合員」に総会と理事会での三分の一以内の議決権を与えていることは注目に値する。

組合員の義務は、総会への出席は当然として、活動への参加、職務の引き受け、出資金の拠出などであるが、なかでも組合の目的とする活動への参加が重視される。

権利としては機関要員の選挙、被選挙のほか、活動に必要な情報を得ること、また会議での提案と議決などである（第一九条、第二二、二三条）。

**協同組合の機関——総会と理事会の役割**

①総会は協同組合の最重要機関

バスク法全体を通じて、協同組合の個別課題の運営については「定款の規定による」という文言が頻出する。繰り返しになるが、定款は法律同様に重要である。そしてその文言に続いて出てくるのが「定款に規定のない時は総会の議決による」という文言である。総会は組合運営の基本である。そのためバスク法では総会についてわざわざ定義している。「総会は組合員の固有の権限に関する事項について決議をおこなうために設ける組合員の集会である」というのがそれである。そして組合員には総会の決議に従う義務を課している。

総会は組合の理事、監理委員、監事、清算人、人事委員、組合評議員などの機関要員の選任と解任をおこなう。そのほか組合経営の審査、定款の変更、合併・分割、内規の変更など組合員の固有の権利に関係のある法律以外のすべての議決事項を取り扱う（第三一条）。

②理事会の経営専門機関化、その構成に非組合員理事の採用もある

理事会は協同組合の唯一の経営責任機関であると定め、法律と定款に明記されていない事項については他団体にたいして代表権がある。総会は組合の意思決定の最高機関で、理事会は協同組合の経営を委任された機関として限定的に規定されている。そして理事会はその権限を執行委員会または最高経営責任者（CEO）に委任できるので、理事は名誉職ではなく、むしろ経営専門家集団の性格が強い。理事のうち少なくとも一人は組合員でなければならないが、経済がグローバル化し、技術が高度化した変動の激しい経営環境に対応するには経営のプロが必要であるから、理事の人数の四分の一は非組合員から選任できることになっている（第四一条第二項）。組合員主権のもとの経営の専門家への委任は、現代協同組合のあり方を示唆している。

## 協同組合の資本とは

①出資金の性格

出資は現金通貨によるが、例外的に現物や債権などでもよいことを認めている。

協同組合の出資金は有価証券ではなく、参加のための記名証券であることを明記している。しかし、経営状況によっては増資、あるいは減資があり、また出資金にたいする配当は利子によってお

こなわれるが、剰余金が良好な状態にあれば六パーセント高くしてもよいという弾力条件を付加している。

協同組合は参加制民主主義を基本とするから、個人の出資は組合の出資総額の三分の一を超えてはならない。

出資株は組合員間または死亡した本人にかわる加入者への譲渡を認めている（第五七条）。

②残余資産の寄付

協同組合が解散した時、残余資産は協同組合の教育や振興、また公的目的のためにバスク協同組合上級評議会に拠出する（第九四条）。これは協同組合の剰余金から不分割基金を創設する際の参考になる。

**協同組合の合併と分割・分離**

日本の協同組合法では合併の規定はあるが、分割分離を想定した条項が見当たらない。しかし協同組合コミュニティを創設してゆくには、地域の自主運営による自立性の強化のために分離分割の規定が必要である。バスク法は合併について対等合併と吸収合併を規定し、また分割と分離の場合を想定して財産と組合員の配分について定めている（第七六条、八四条）。

## 3 バスクの協同組合の種類

協同組合は多種多様である。以下にあげるもの以外にも信用協同組合・共済組合や保健協同組合、保健施設協同組合、職業的サービス協同組合、教育協同組合、住宅協同組合などがある。

### 協同労働の協同組合

バスク法の基礎になっているのは、モンドラゴン協同組合の労働者協同組合の実績である。学説史的にも労働者協同組合は協同組合の三位一体性の典型とされていたが、モンドラゴン協同組合の実践はそれを立証したわけで、現代では労働者協同組合を基準として各種の協同組合を再点検する必要があるといえよう。その意味で、バスク法が「協同労働の協同組合」（Cooperativas de trabajo asociado）を各種協同組合の最初に掲げているのは理解できるところである。

モンドラゴン協同組合の創設者で指導者は、アリスメディアリエタ神父であるが、かれの残した文書を整理編集したホセ・アスルメンディは『労働者の解放―協同』（労働信用金庫出版）の序文でこう述べている。「人間の価値を知ることと労働の尊厳を知ることは、協同の二本の基礎的な柱である」[3]。

協同組合は人間の価値と労働の尊厳の自覚の上に成り立つということである。この観点からバスク法の各種の協同組合を見よう。

協同労働の協同組合とは、「労働によって生産物やサービスを提供する事業や職業に従事する自然人たちが共同経営する協同組合である」。合法的に労働契約する者は組合員になることができ、外国人でもスペイン法の労働許可を得れば組合員になることができる。雇用労働は時間数で二五パーセントまで許される。労働者には最低賃金が保障される。労働者か、自営業者かという組合員の社会保障上の身分については、前述のとおり定款で決めればよい。試用期間の適用、労働の安全基準の実施や除名などにたいする身分保障など労働者の権利にたいして手厚い保護がある（第九九条～一〇四条）。

**消費協同組合**

バスクの消費協同組合は自然人のほかに最終消費者である団体や組織も組合員となることができる。また組合の地域内では、非組合員にも物資やサービスの提供ができる。いわゆる員外利用に寛大である（第一〇五条）。おそらく協同組合コミュニティに配慮したものであろう。

**農業協同組合**

バスクの農業協同組合は日本の総合農協と同様に経済的・社会的多部門の事業をおこなうことができ、労働、エコロジーの事業にも取り組むことができる。消費者との産直活動では組合員外の生産物を五ないし四〇パーセントまで取り扱うことができる（第一〇九条～一一〇条）。

**共同体づくりの協同組合**

日本になくてバスクにあるのが共同体づくり協同組合である。農地や不動産を所有する個人が、それを拠出して共同所有の資本とし、みずからはそこで働き生活する労働者となる共同村をつくる。これは財産移譲の過程を除くと、協同労働の協同組合をつくる要領が適用できる（第一一一条～一一三条）。

**社会的統合協同組合**

これは身体障害者または精神的障害者が組合員の過半数を占めて、生産、販売、労働、消費、福祉提供施設の管理運営をおこなう協同組合である。福祉の公共団体も出資と代表派遣によって組合員として参加することができる（一一七条）。

**事業集団や協同会社などの二次組合**

協同組合はその事業の一部を効率的におこなうために、協同組合同士の間であるいは他の公的団体や民間団体と連携して、アソシエーションや協会あるいは合同企業の形をとる二次組合あるいは高次組合を創設することができる（第一二八条～一三一条）。

私は、二一世紀はグローバルな情報化社会、知識社会であるから、協同組合セクターの成長を牽引するのは重厚な連合会ではなく、単協間の有機的ネットワークを情報と知識または技術開発によって組織するコンソーシアムやインキュベーターのような機能組織としての二次組合や異業種提携の組織ではないかと考えている。バスク法の第二編第二章「協同組合の統合とグループ化」はそのことを法律的構造に則して詳しく述べている。協同組合セクターと協同組合コミュニティづくりの鍵を示す注目すべき章である。

## 4　協同組合にたいする国家の支援と監督

本章の冒頭でバスク自治憲章における協同組合の役割を示したが、国家が行政機能をつうじてどのように協同組合を振興するとともに監督するかが問題である。

①新規雇用の創出と中小企業問題の解決

バスク政府は協同組合に社会的利益の増進を期待しているが、特に期待しているのが新規雇用の創出と中小企業問題の解決である（第一三七条）。

②優遇策

協同労働の協同組合にたいしては落札の優先権、生協、農協にたいしては員外利用の拡大を適用し、住宅協同組合にたいしては公共用地の有料提供などをおこなっている（第一三八条）。

③法律・規約の違反と処分

労働社会保障省の検査は（第二次）連合会だけ。通常はバスク協同組合総連合が会員にたいしておこなう。

重大違反は法定積立金、教育基金の積み立てを履行しないこと、協同組合の名称を不正に使用すること、制限を超えて雇用すること、商法の義務違反などで、罰則は罰金、事業停止、資格剥奪などである。臨時検査もある。

## 5　協同組合の連合組織

協同組合の連合の仕方には三つの形態がある。

①経済事業の同一部門の水平統合の組織はユニオン（合同）である。

②垂直統合は連合会、連合会の統合は総連合会。連合会は協同組合の代表機能のほか協同組合にたいする助言、法律相談、教育、協同組合センサスと統計などをおこなう（第一四三〜四条）。

③バスク協同組合上級評議会の設立。協同組合運動、協同組合の思想、教育等について政府の諮問に応じて助言する公的性格の団体として設立される。協学官の代表が組織メンバーである。バスク協同組合上級評議会の財政は、自主性を原則として、国の一般会計と協同組合の清算時の残余財産からの繰り入れ等によって構成している（第一四五条）。

## 6　多国籍企業化したモンドラゴン協同組合の提起する問題

最後にグローバル協同組合が抱える共通の問題について述べておきたい。

### 系列子会社では資本主義的臨時雇用も

労働者協同組合の成功企業であるモンドラゴン協同組合は、その後、中国、メキシコ、ブラジル、インド、フィリピン、チェコなどの新興国に直接投資して現地生産による市場拡大を進めてきた。その結果、二〇一〇年には、従業員八万三〇〇〇人余にのぼり、国の内外に多くの系列子会社を持つようになった。従業員の八五パーセントは組合員であるというが、ここで一つの問題がでてきた。新興国や途上国にある系列子会社はかならずしも労働者協同組合の形態ではなく、資本主義的雇用しかも臨時雇用の形態をとるものが多い。労働者協同組合はそう簡単に組織できるものではない。

バスク法では労働者協同組合が雇用労働を使う限度は、年間総労働時間数で二五パーセントとしている（第九九条）。現在のところ、モンドラゴン協同組合コーポレーション全体としては、雇用労働依存率が一五パーセントであるから法の定める基準内にあるが、個々の系列子会社ではそうではないものが多い。

**国際化時代の協同組合に共通の問題**

モンドラゴン協同組合会社はグローバル化する二一世紀の協同組合に次の新しい問題を提起している。労働者協同組合の成功企業が失業者の多い新興国や途上国の人々に資本主義的雇用の形態をとっても就労機会を与えるのがよいか、それとも協同組合固有の三位一体の原理を守り、他国であってもバスク法の規定を固持するのか、それが不可能ならば進出を断念するのか、また雇用労働の割合は何パーセントが適正なのか。これらは他の種類の協同組合でも員外利用の問題をはじめ協同組合の規準についての共通の問題であり、国際化時代の協同組合の価値に関する新しい問題である。

**注**

（1）拙著『第四世代の協同組合論――理論と方法』論創社、二〇〇二年、第六章の解説を参照のこと。

（2）ここで注意を要するのは、第一条第一項のコミュニティとの関係についてである。原文は atendiendo a la comunidad de su entorno と、atender の語を用いている。ＩＣＡの一九九五原則では concern の語を用いているが、バスク法ではさらに積極的に世話をする意味で用いている。

（3）José María Arizmendiarrieta: *Emancipación Obrera: La Cooperación*, Elkar, 1984, p. 9.

# 第5章　イタリアの社会的協同組合の挑戦

## 1　社会的協同組合とは何か

### 精神科患者の地域ケアへの移行がはじまり

イタリアの社会的協同組合はトリエステ地域の精神科の医師フランコ・バザーリア（一九二四〜八〇）の発案によるもので、暴れる患者が精神病棟に収容され、監守の暴力と拘束具によって制御されている日常を、地域ケアに移して人間的に復帰することを考えたことに始まっている。地域ケアの方法として、開かれた職場で協同労働をすることに活路を求めた。それが多くの市民の共感をえて、精神衛生センターとして制度化したのは一九七八年である。それがさらに発展し、身体・精神的障害者の社会復帰や素行障害などの問題を抱えた人たちが、一般市民との協同労働によって更生する施設として、一九九一年に世界ではじめて制度化された。これが社会的協同組合である。日本に紹介されたのは一九九〇年代後半である。その後、佐藤紘毅氏や田中奈津子氏によって、社会的協同組合の事例が紹介されることになった。それ以来、イタリアの社会的協同組合は、差別と闘う日本の障害者団体、特定非営利法人「共同連」をはじめ、ワーカーズ・コープやその研究者に注目されるようになった(1)。

**法制度をめぐる議論と現実の動き**

社会的協同組合（コオペラティーベ・ソチアリ）は法律三八一号（一九九一年一一月八日）によって認可された社会事業をおこなう協同組合である。この法律は次の二つの種類の事業を手段として、身体的・精神的障害者をはじめアルコール依存症、薬物依存症、閉じこもり、ストレス症候群の人々、元受刑者など障害を負ったり社会的に差別を受けたりしている人々が人間らしく生きられるように支援し、またそれらの人々が市民として社会に復帰できるようにすることによって、地域社会の利益になることを目的とするものである。

（a）社会的サービス、保健サービス、教育サービスを実施すること

（b）障害をもつ人々に労働所得が得られる仕事を与えるために、農業、工業、商業やサービスなどの諸種の事業を実施すること

しかしこの社会的協同組合はすんなり制度化されたものではない。最初の法案は、宗教心の篤い人やヒューマニストたちの社会運動によって一九八一年に国会に提出されたが、既往の制度を超える斬新な内容のため、成立は見送られてきた。

そのとき指摘された問題点は、主に次のとおりである。当時、社会的弱者や障害者の介護は人道的社会事業とみなされ、その事業は民法によるアソシエーション（非営利の任意団体）の形態をとるのが一般的で、事業としての企業形態にはなじまないというのが常識であった。また仮にこの事業が協同組合の形態をとるとしても、無償労働を原則とするボランティアが仕事に従事することが妥当かどうか疑問視された。さらに、根本的な論争点であるが、上記（a）型の介護福祉の事業と（b）型の障害者雇用事業は受益者自身の福祉の増進になるとしても、コミュニティの一般的利益になるという保障があるかどうかが論議の焦点になった。

しかし国会での論議とは別に、最初の社会的協同組合法案が提出された一九八一年には、すでにこのような社会的事業体が数百も組織されており、八〇年代半ばには一〇〇〇組合を超えるようになった。いくつかの州では、社会的に不利な条件にある人々を疎外しないことが地域社会にとっての一般的利益にかなうとして、社会的協同組合を州法によって公益性の観点から承認し、地方自治体と社会的協同組合はパートナーの関係を結ぶようになった。

このような既成事実の積み上げを経て、一九九一年には社会的協同組合に法的承認を与える法律三八一号が成立した。その内容は前に述べた目的の設定と（a）型、（b）型の事業の規定であるが、その他のいくつかの重要な点を追加しておこう。

①企業が社会的障害者を労働者として雇用する場合には、障害者労賃の五〇パーセントを補助する。障害者の雇用が従業員数の三〇パーセントの場合には、企業の総労働費の一五パーセント、

福祉協同組合において労働費が総費用と等しい場合には総費用の平均一二パーセント、また労働者協同組合においては平均一〇パーセントを補助する。

②ボランティア組合員および利用者組合員を認める。

③公共団体は社会的協同組合と行政委託契約の規定とは異なる契約を結ぶことができる。すなわち、公共団体は、社会的に不利な条件をもつ人々に就業機会を与える目的をもって世話をする社会的協同組合とだけ委託契約を結ぶことができる。これは二〇万ユーロ（約二四〇〇万円）以下の委託契約に限られる。二〇万ユーロを超える委託契約に関しては、一定の率を超える障害労働者によって委託事業がなされる場合にかぎられ、あらゆる形態の企業の公開入札によるものとする。

このようにして、イタリアの社会的協同組合は、一九九一年当時は全国で約二〇〇〇組合であったが、九六年には三八六七となり、規模も大きくなった。しかし社会的協同組合は中小企業の域を超えるものではなく、事業所得は一組合あたり五〇万ユーロ（六〇〇〇万円）程度である。

イタリアの社会的協同組合は日本の社会福祉事業のあり方に示唆するところが大きいばかりではなく、二一世紀の日本の政治および地方自治制度の向かうべき方向を示しているように思われる。

## 2　ＣＧＭとそのネットワーク

### 二大連合組織のひとつＣＧＭ本部

イタリアの社会的協同組合には二大連合組織がある。カソリック系とレーガ系（社共派）である。ここではカソリック系のＣＧＭを紹介する。

ＣＧＭ（Consorzio Nazionale della Cooperazione di Solidarietá Sociale Gino Mattarelli）のＣはコンソルチオの略称で、日本では協会にあたる。一九九一年社会的協同組合法の制定に功績のあったジーノ・マタレリー（Gino Mattarelli）議員を称えるためＣ（コンソルチオ）ＧＭと命名した。

①理念

ＣＧＭ系の社会的協同組合のコンソルチオはたいていその名称にSOL. CO（Solidarietá e Cooperazione）の冠をつけている。その意味は「連帯と協同」である。

②活動の目標

社会的協同組合の支援機関として、次の四つの活動目標を定めている。

①アソシエーションと協同組合が第三セクターの社会的企業として発展することを支援する。

②社会連帯の推進者として、研究機関、学校、マスメディア、労働界、企業、政治団体と対話をおこなう。

③市民の発意によるアソシエーションづくりとその支援をおこなう。
④国内およびEUの社会経済の発展と革新のためのプロジェクトを推進する。

**CGMネットワークの状況**

（1）社会的協同組合

二〇〇一年現在、加盟する社会的協同組合は一一〇〇単協（イタリアの社会的協同組合の二〇パーセント）である。イタリア北部のロンバルディア州が主体である。CGM系の社会的協同組合はA型（前記の条文（a）に書かれた活動をおこなうもの）が六〇パーセント、B型（同じく（b）にかかわる活動をおこなうもの）が四〇パーセントといわれる。就労者数は二万三〇〇〇人で、そのうち健常者は一万八〇〇〇人、障害者一八〇〇人、ボランティア四〇〇〇人である。したがって一組合あたりの平均就労者は約二〇人である。労賃として支給された額は事業高の約六〇パーセントである。

（2）コンソルチオ

コンソルチオは社会的協同組合にたいする支援組織である。技術の助言、自立のための訓練、資金と販売の支援、EUのプロジェクトとの連絡、出版物の編集、外部との交渉をおこなっている。また社会政策や労働政策について、政府、自治体にたいする改革提案をしている。コンソルチオは地域の社会的協同組合のすくなくとも七〇パーセントが加入していることを条件として協同組合の資格が適用される。二〇〇一年現在、CGMのコンソルチオは六九あって、事業高は約二〇八億円にのぼる。一事業体平均は約三億円である。

（3） CGM全国センター

北部の都市プレシアとローマに本部があり、またブリュッセルに代表部を置いている。プレシアの本部は専従者八人、ボランティア二〇人で運営している。

## CGM系社会的協同組合の運営

（1） 設立

組合員となる者が三人いれば、設立趣意書を公証人に提出して認証をとる。

（2） 組合員と組合幹部

組合員は身体障害者、麻薬中毒者、元受刑者が多く、知的障害者はすくない。A型では、精神障害者には訓練や軽い作業でリハビリをおこなうが、統合失調の人は難しい。重度の障害者はレジデンスに入居したり、デイセンターで預かったりする。軽度の障害者はアパートメントに入居し、より軽度の人はみずから介護者になったり、相談センターでアドバイザーになったりすることもあり、学校で障害児童のカウンセリングをおこなう人もいる。

組合には幹部が必要なので、CGMは組合員の特性を見て、幹部に適する人を集め、成功例の分析評価などのセミナーを通じて養成している。幹部の適材としては自治体やCGMネットとの関係づくりの能力が重要である。

（3）健常者の組合員ないし非組合員活動家にボランティアが多い理由

イタリアには若者の徴兵制度があるが、社会的協同組合で働くことで良心的兵役拒否ができるからである。

（4）障害者の社会保障手当について

障害度の審査が委員会によって二年ごとにおこなわれる。障害手当は、一カ月最低二〇〇ユーロ（約二万四〇〇〇円）、重度の人には一五〇ユーロが追加される。車椅子の人には、家の改造費が支給される。

労働能力の四五パーセント以上を失っている障害者を雇用することを、法律で企業に義務づけている。労働能力の判定は、労働医学の専門家から構成される委員会がホームドクターの報告やテスト記録によっておこない、職安や地域医療エージェンシーがその記録を保管している。A型の場合はそれでもよいが、B型の場合、障害度と労働能力の関係には職場環境や技能水準など個人差があるので、社会的協同組合が判定したほうが実情に即することになる。

（5）入札について

二つの場合がある。

①地方自治体が発注額の上限を決めて、入札によらないで社会的協同組合に発注する。

②透明性をはかるため入札制をとる。この場合、地域性、経験年数、ハンディの程度などを考慮した評価点数によって優遇措置をとる。点数は自治体によって異なる。

社会的協同組合の中には、仕事を落札するため、規模を大きくしてコストを下げ、競争力をつけようとする単協もあるが、これは間違った方向である。

（6）障害者の社会統合について

障害者を特別扱いする特殊学校をつくるべきではない。障害者を孤立させない統合教育のための日常的配慮が必要である。そのため職場で支援者によるチューターをおくことも考えられるが、そのような社会文化はまだイタリアでも夢物語である。

（7）B型で働く障害者の賃金

健常者の賃金は全国の労使契約の基準賃金によるが、障害者については、作業内容、人間関係、出勤時間を考慮して決める。したがって基準賃金の六〇〜八〇パーセントの水準になる。イタリアには最低賃金法がないので、法定の最低賃金は存在しない。

（8）CGMの財政収入

CGM全国センターの収入は、加盟しているコンソルチオから年間売上額の〇・五パーセントと資本金の〇・二パーセントを会費として徴収する。また単協については、受託事業を提供する場合にはサービス料を受けとる。

**地方自治体にとっての社会的協同組合の費用と効果**

社会的協同組合は国の社会政策の一部を代替するもので、その管理運営の主体は協同組合を含む民間企業と地方自治体である。そのため国家は地方自治体にたいして代替費用を補助金の形で支払うことになる。それでも地方財政の負担が大きく、持続できないのではないかという心配が生まれる。これについてCGMのある人は、社会的協同組合の地方自治体にとっての費用効果分析を試みている。

これによると、地方自治体が負担する費用は、①事業所へ障害者が通勤する地域巡回バスの負担金と②終身障害者の手当である。

これにたいして、地方自治体にとっての効果は、障害者等にたいする社会政策費の節約である。たとえば、

①障害者支援支出の節約として考えられるのは、統合教育課程が終了して自立できれば障害者手当が節約できる。社会的協同組合によって、地方自治体は精神障害者施設、デイケア病院、未成年保護収容施設、麻薬中毒治療施設、その他費用を節約できる。
②監獄費用として仮釈放費用、獄外労働費用の節減ができる。
③失業手当関連では、健常者の就労機会が生まれ、失業手当、住宅補助、最低生活保障の費用が節減できる。
④生活保障費については、食費、家族扶助、所得補助、公共料金の値引きが節減できる。
⑤障害者のリハビリにより労働能力が改善されれば、標準能力以下の障害者雇用の企業負担が軽減できる。

その結果、この分析は労働参入する障害者は地方自治体にたいして一人一年あたり一万五〇〇〇〜三万ユーロ（一八〇〜三六〇万円）の利益をもたらすと試算している。この試算には省略されている点があり、ほかにも直接費用がある一方で金銭には計上できない間接効果があるといわれる。しかし参考にする価値はあるだろう。

## 3　アンドロポリス社会的協同組合

### 設置にいたる経過

アンドロポリスはイタリア北部のプレシア市の町外れにあるB型社会的協同組合である。一九八九年、一〇人で病院の洗濯サービスを始めた。設立時には事務所を病院内においたが、二〇〇〇年から現在のところに移った。現在の土地、建物は元倉庫であったが、所有者が市に寄付し、市からクリーニング、刑期終了者の作業所、障害者の職業訓練の三つの社会的協同組合が譲渡をうけ共同所有することになった。譲渡にあたっては、市が一〇億リラ（当時はユーロへの通貨統合前）を融資した（うち二億リラは返済が免除されている）。一階はアンドロポリスのクリーニング工場、二階は障害者のアパート兼職業訓練所である。アンドロポリスはＣＧＭに所属している。

**事業の内容**

二〇〇二年現在、アンドロポリスの組合員は八五名、従事者五一名で次の三部門を運営している。

・クリーニング部

病院のシーツや白衣などのクリーニングをおこない、二四人が一二人単位の二交代制（午前七時〜午後一時、午後一時〜午後七時）で働く。工程は衣類受け取り―前洗い―洗濯―乾燥（七三度の蒸気乾燥）―アイロンかけ―殺菌―病院への納入である。これを二人（ハンディのある人とない人）が一組になっておこなう。

・清掃部

七五人が就労している。

・公文書速記部

視覚障害者一八人が公文書の入力作業（四八時間以内に納入）に従事している。

**運営の実際**

一三六人のうち四五人が障害者である。内訳は、精神障害者一八人、身体障害者一五人、アルコール依存者五人、薬物依存者二人、受刑者二人、閉じこもり三人（計四五人）である。

社会的協同組合Ｂ型の役割の一つは、これらの障害者が仕事の工程を学び、プロフェッショナルとして自立できるように訓練することである。訓練には通常、三〜四年かかる。オペレーターの役割は、訓練生に密着して自立できるまで訓練することである。工程をマスターできたか否かの判定は複数の人でおこなう。自立できるようになれば、一般企業に就職する。アンドロポリスでは一〇年間に受け入れた障害者一一五人の訓練生のうち八〇人が自立できるようになり、自治体からオペレーターにたいし週あたり二〇時間（一時間二ユーロ）の負担金がB型社会的協同組合に支払われている。

## 経営の状況

アンドロポリスの受注先については、クリーニング部が二つの病院、清掃部は四つの学校と八〇の中小企業である。

病院や企業が仕事を外注するときは、受注の透明性をはかるため入札によっておこなわれる。社会的協同組合については受注しやすいように特別に配慮することが法律で定められている。アンドロポリスにおいては、病院とのクリーニング契約は三年契約になっている。しかしこのような特別配慮は廃止される方向にある。

問題になるのは障害者の能力評価と賃金である。前述のとおりイタリアでは最低賃金制は制度化されていない。障害者の賃金は全国の労使協定による一搬賃金の基準のなかで決められる。健常者の賃金を一〇〇とした場合、障害者は作業の質、人間関係、勤務の時間によって六〇～八〇の水準で設定されることになる。個人ごとの労働能力の評価については、障害の度合いを評価するホームドクターの報告やテストを記録した名簿、すなわち地域の医療機関と職業安定所に備えるカルテによっておこなわれる。

そして一九九九年の法律六八一号は、企業にたいして、労働能力の四五パーセント以上を失った人を従業員数の三〇パーセント雇用することを義務づけている。それができない場合は、障害者に支払う賃金分を社会的協同組合の仕事に発注しなければならないとしている。

アンドロポリスはその後、借入金五〇万ユーロを一〇年間で返済するため、毎年五万ユーロをそれに充てている。二〇〇一年度の売上金は二二〇万ユーロで、前記の返済金を支払ったあと、内部留保二〇万ユーロを積み立て、そのほかに利益金五万ユーロをあげている。

**注**

（1）「イタリア社会的協同組合を旅する」報告集、共同連、二〇〇三年。

# 第6章　廃棄物処理・コミュニティ農業・田園都市

## 1　協同組合が国家の機能を代替する動き

### 国家の機能——安全保障と外交

世界連邦のようなユートピア的な将来構想は別として、現在の国民国家がその権限を協同組合を主軸としたアソシエーション社会に移譲する過程で、国家がなお保持すべき権能は何であろうか。概念的にいえることは、国民国家が担うべき分野は食料・資源・環境を含めた国の安全保障とそのための外交である。この分野も世界の諸国でのアソシエーション・協同社会の成熟条件と関連するところであって、国連やその他の国際機関の調整能力によって変わることが予想される。さらに、現在発展しつつある国際協同組合同盟（ＩＣＡ）やその他国際ＮＧＯをはじめ、世界社会フォーラムのような社会運動の拡大とも関係がある。その際、問題は一気に地球的規模で解決に向かうのではなく、別の検討が必要になる。

ここでは、ヨハン・ガルトゥングがいうように、世界は地区・地域から国、そして東アジア、中東、EU、中南米などの地域圏、そして世界へといくつもの入れ子状の多層構造になっているから、それぞれの圏域の問題に応じて共同体をつくっていくことになる(1)。

## 中央集権的国家では手が届かない

国民国家が国内的に保持すべき機能は、軍事・外交を別とすれば、国民全体の共通の生活文化水準を維持するための基準の作成と社会保障費などの財源配分である。そのほかに国内秩序を維持するための警察機能がある。これらの分野でも、実はアソシエーション協同社会の成長によって、国家の負担が変わってくる。

この章では、このような国家の機能を代替する動向として廃棄物流通とその処理にあたるグローバルな協同組合の連携の可能性と、グローバリゼーションに対処する農村コミュニティの再生の方法について述べる。これらは、中央集権的国家官僚機構ではきめ細かい手を差しのべることができず、コミュニティ自体の活動に依存しなければならない分野である。コミュニティは、これらの分野について、国家にたいして対等の発言力と権限・財政力をもつのが当然であろう。

さらに、章末では、インキュベーターによってベンチャー事業を起こし、「村に都市をつくる」という田園都市の可能性を探ることにする。

## 2 廃棄物から考える——下からのグローバリゼーション

いままで、一般的に、生活の豊かさは所得の増加と利便性の向上にあると考えられてきた。そして大量生産、大量消費を歓迎し、その結果、当然生じる大量廃棄にはあまり意識を向けてこなかった。二〇一一年は原子力発電所の事故によって、核燃料廃棄物の存在をもう一度思い起こさせた年であった。廃棄物の処理について、国際的観点から考えるのがここでの問題である。

### 国際的観点から見た廃棄物処理問題

廃棄物はいわゆるゴミという認識から、3R（Reduce（減量化）、Reuse（再利用）、Recycle（リサイクル））すれば問題は解決すると考えられてきた。家庭ゴミは分別し、有機物は堆肥やコンポストに変換し、その他の可燃性ゴミは焼却、ビン・カン類はきれいにして再利用、燃えない金属や瓦礫は埋め立てる。前段階としての分別は家庭でおこなうが、そのあとの処理は自治体行政に任せてきた。直接的にその費用を支払っていないので、市民個人はゴミ処理の費用と効果に関心が薄い。

しかし、大量の廃棄物の処理は、地方自治体の人員、施設と財政、空き地に余力がある場合を別として、一般的に地方自治体の能力を超えはじめている。処理能力を超える廃棄物に取引価値がある限り、支払い能力のあるところに引き取られて行き、廃棄物市場での流通が生まれる。

一九七〇年代には先進工業国から発展途上国に廃棄物を輸出する流れができはじめた。輸出工業製品のなかに、危険な有害物質を含む廃棄物が大量に混ざるようになった。なかには他国の離島や公海へ不法投棄もあった。国連環境計画の提唱によって、一九八九年に有害廃棄物の国境を越える移動およびその処分の規制について国際的な枠組みと手続きを定めるバーゼル条約が採択された。二〇一一年現在、一七七カ国が加盟している。

**廃棄物の国際市場という地下経済**

輸出規制の対象となる危険な廃棄物とは、放射能によって汚染された物質はもちろんのこと、有害物質である鉛や亜鉛を用いた塩化ビニールパイプ、電化製品など多数である。正規の手段としては、税関で水際作戦的に阻止する以外には方法がない。しかし、それにはあきらかに限界がある。規制の実効をあげるには、国家を越えた民間とくに生活の場で、民衆自身の自覚的活動に期待しなければならない。

バーゼル条約の規制の対象外の品目は鉄くず、繊維くず、古紙など五三品目である。だから安全かというと、かならずしもそうではない。鉄くずに有害な塩化ビニールが巻きつけられていたり、廃プラスチックが混ざっていたりすることがある。日本ではダンボールや廃プラスチック製品の廃棄に困っているが、中国では価値があり輸入している。国境を越える廃棄物の価値は、国情によって異なるのである。廃棄物の国際市場は正規市場ではなく、まさにインフォーマル（地下）経済なのである。

廃棄物の危険性の除去は、国家の水際作戦だけでは限界がある。片方で廃棄物利用の技術移転が必要であり、それにはそれぞれの国でその専門技能者の育成が必要になる。それでも足りない。危険な廃棄物を除去し活用するには、まず廃棄物の3Rの実行組織について、フォーマル、インフォーマルを問わず、国際交流が必要である。実際、近年、廃棄物処理分野の国際協力では、世界銀行や日本の国際協力機構（JICA）をはじめOECDの諸国が海外事業に乗り出している。それは途上国の市場開発と関係の深い海外援助の分野である。

## 下からのグローバリゼーションの動き

廃棄物は民衆の家庭生活や企業の操業から生じる問題であって、インフォーマルな国際交流に期待のかかる分野である。まさに下からのグローバリゼーションの領域である。国際協同組合同盟（ICA）が廃棄物の3Rに取り組むならば、それなりの進展が期待できる。すでに日本や北欧、EU、スイス、アメリカ、カナダなどの主要生協やNPOでは、3Rの経験を積んでいる。

たとえばインターナショナル・フェアトレード・アソシエーションは、家庭ごみのコンポスト化、上下水道処理、排ガス浄化、包装容器・空き瓶の回収、土壌汚染の除去などの分野で環境団体やメーカーと協力して、アジア、アフリカの六〇カ国、二七〇団体以上に技術移転している。ことにドイツのNPOは積極的に協力している。フレンド・オブ・アース（地球の友）、草の根リサイクル・

ネットワークは早くから廃棄物問題に取り組んでいる。捕鯨反対のラジカルな行動でおそれられているグリーンピース・インターナショナルは、早くからアスベストの海外移転を告発しているし、また中古電機・電子機器の輸出による海外汚染の規制を訴えている。

### 廃品回収を目的とするワーカーズ・コープ

3Rは実際、廃棄物の回収と運搬の労働を担う主体があってはじめて実現する。ニューヨークのワーカーズ・コープは廃棄電線の回収労働で組織を設立した。またブラジルをはじめ中南米では、廃品回収は営業として成り立つから、廃品回収を目的とするワーカーズ・コープが多く組織されている。国際協同組合同盟（ICA）の労働者協同組合部会である「産業・家内工業・サービス生産者協同組合国際委員会（CICOPA）」は本部がスイスのジュネーブにあり、二〇〇三年現在、三四カ国、五七団体が加盟し、日本からは日本労協連合会が加盟している。

世界銀行の調査によれば、発展途上国の都市人口の一パーセントは廃棄物収集で生計をたてているという。CICOPAの加盟団体は、多かれ少なかれ、鉄くず・廃棄電線の回収、家庭ごみの収集と再利用、医療廃棄物の処理、フロンガスの回収など、インフォーマルな環境保全の分野を手掛けている。そして労働条件・賃金の改善と資源回収再利用権の確立とともに、京都議定書の実行など持続可能な地球環境の保全をめざしてセミナーを開催している。

**廃棄物の回収による町づくり**

英国では、古紙、古布、空き瓶などの廃棄物の回収によって町づくりをしているコミュニティの事例がいくつか報告されている。日本では東京都福生市や長崎市三重地区の例がある。[2]

千葉県柏市（人口三九万人、世帯数一一万五〇〇〇、面積約一一五平方キロ）は、家庭系・事業系のゴミの収集・焼却、資源化（発電はしていない）および、し尿処理を含めた清掃事業を、地方自治体として標準的によく実施している。市民一人一日のごみの排出量は九三九グラム（うち家庭系は六九二グラム）である。清掃事業収入の一般会計の歳入に占める割合は〇・八パーセント、同事業の支出の一般歳出に占める割合は五・二七パーセント（二〇〇九年度）で、市民一人あたり費用は年間一万二三〇〇円である。[3]

さて、地方自治体の人口規模と市民一人あたり清掃事業費（し尿処理を含む）の関係は、大阪府総務部市町村課・高田隆慶氏の論文「事務広域化の財政効果」（「自治大阪」二〇〇八年三月）によると、人口一〇万人以下の小規模な地方自治体では最高六万円かかる。一方、農山村では清掃サービスが必要でないか、量と質を省略して低く見ている場合もあり、バラツキが大きい。人口一〇万人以上になると、一万～二万円の範囲に収束してくる。つまり廃棄物処理の標準水準が形成され、これが衛生上、安全な生活水準を確保する人口規模の目安になるといえよう。（図表3、4）。

**図表3　住民1人あたり清掃費と人口の関係**

| 人口規模（万人） | 住民1人あたり清掃費の平均（円） |
|---|---|
| 5〜10 | 16,768 |
| 10〜20 | 15,080 |
| 20〜30 | 14,286 |
| 30〜40 | 12,965 |
| 40〜50 | 14,718 |

**図表4　住民1人あたり清掃費と人口の関係**

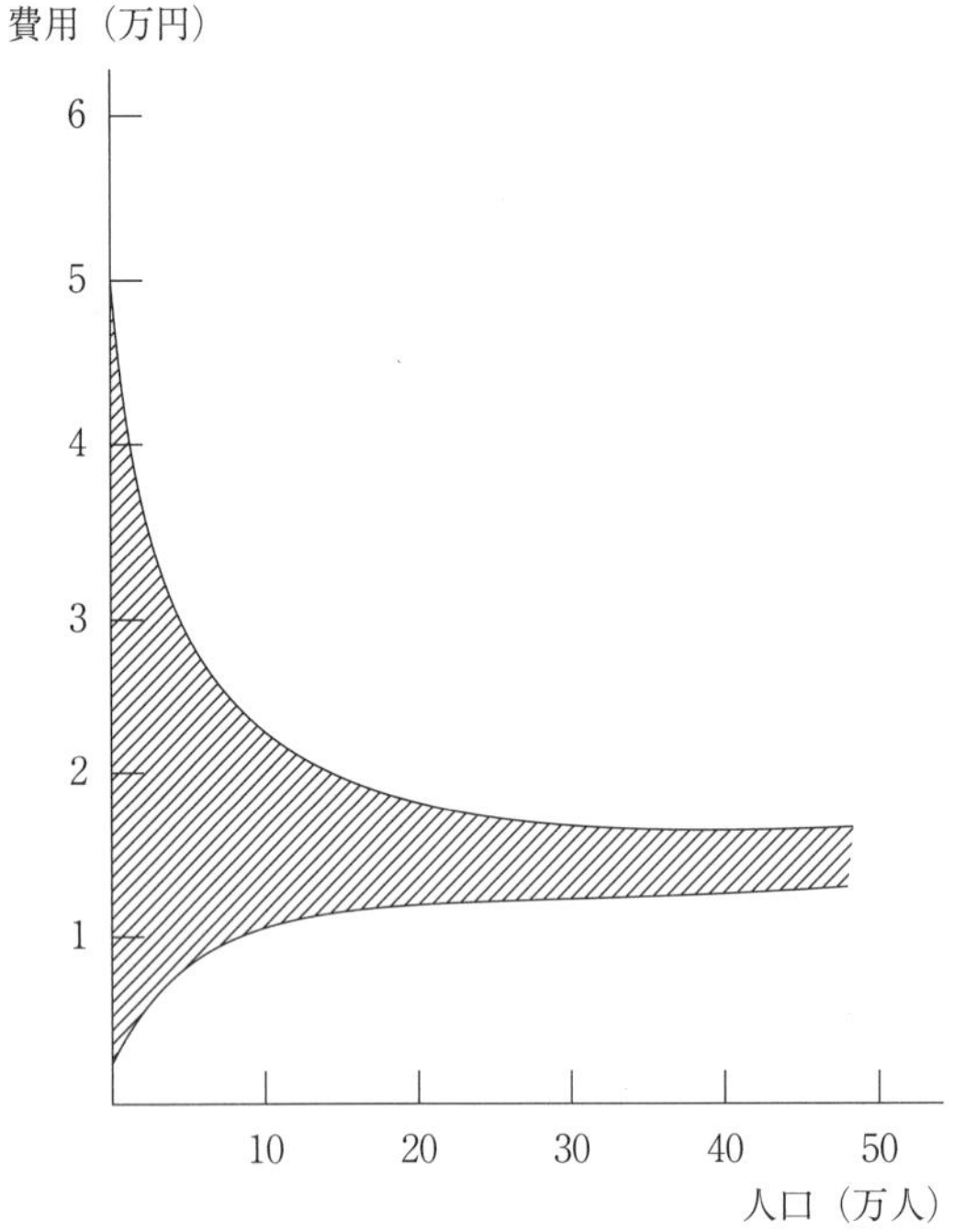

### 廃棄物処理は事業として成り立つか

廃棄物処理は事業として成り立つのであろうか。東京都二三区清掃一部事務組合による清掃工場整備事業についての費用対効果分析によると、ごみ焼却熱を利用した発電と電力売却を計画すると、費用便益比は二・〇〇九であって、効果が費用を上回る(4)。しかし、ゴミ焼却熱を発電に利用するのは大規模都市の計画であって、中小都市や農村には別の方法がある。

### 処理費用を経済のなかに組み入れる

廃棄物の問題は、つまるところ、モノの生産と消費の流れが市場によって分断され、廃棄物を合理的に処理できる範囲内に収めるような社会的なフィードバックが効かない構造になっていることが原因で発生している。3Rはしなければならない対策ではあるけれども、やはり対症療法的な措置である。3Rのきれいごとの陰で、危険な有害物資を含む廃棄物が漏れ出す構造が市場経済法則のなかに存在している。根本的には生産―分配―交換―消費の総過程のどこからでも、計画的処理能力を超す異常な廃棄物があれば、それを全体に知らせて総過程を点検する体制が形成される必要がある。それは端的にいえば、廃棄物処理費用を経済のなかに組み入れる地域共同体をつくることに帰着する。

その一つの目安が、廃棄物処理の処理費用である。廃棄物処理は市町村直営か広域の一部事務組合でおこなわれるが、図表3、4を参考にすれば、人口規模は一〇〜三〇万が適当ということになる。

日本の廃棄物処理から見た都市の合理的な人口規模は一〇万人から三〇万人で、おそらく十数個の中心集落の「島」を含み、その間に緑地と多数の農業集落からなるものである。それら多数の分散している「島」のモノとサービスの流れを結ぶのが協同組合である。

地方自治体は廃棄物共同体の政治行政的表現でなければならない。廃棄物問題は協同組合コミュニティの広域統合の問題にほかならない。廃棄物処理は協同組合コミュニティの連合体が主体なって解決する課題の一例である。

## 3　コミュニティ農業とは

### コミュニティの機能と行動様式

コミュニティ農業の内容に入る前に、農村に典型的に存在するコミュニティの具備すべき機能を個条書きで示そう。

①居住者に居住空間と災害時の避難場所を確保すること。
②廃棄物を安全に処理することを含め、衛生的な生活環境を維持すること。
③生活道路や水道、電気、交通通信などの社会資本を整備すること。
④社会秩序を維持し、もめごとを調停し解決すること。

⑤新居住者に社会生活のルールを伝達し、共生者となるための教育をすること。

ではコミュニティ農業は、地域性と共同性の点で、どのような行動様式をとるのか。いくつか例示しよう。

①耕作放棄や山林管理の放棄によって、農林地が荒廃し、廃棄物が不法投棄され、また病害虫の発生源になるおそれがある場合には、環境保全のために、コミュニティの申し合わせによって強制的に改善の措置をとる。

②高齢者農家で灌漑水路の維持作業が困難な場合には、集落の仲間が通勤前などに集まって、ローテーションを組んで代わりの作業をする。

③地域社会の仲間のなかにワーカーズ・コープを設立して農産加工（たとえば豆腐や餅など）をするグループがあれば、他の者が用地を提供したり地場原料を提供したりする。

④一人暮らしの高齢者が、老後に住みなれたところで余生を送ることができるように、小遣いかせぎと生きがいとなる手作業の仕事をつくり、コミュニティ全体で販売を促進する。

さて、これらの条件を満たすには、高齢化した個人農業に依存することは無理であって、将来、農業はコミュニティ農業として計画しなければならない。遅きに失しているくらいである。コミュニティ農業とは何か。そのイメージを描こう。

## コミュニティ農業のイメージ

まず農協は組合員の依頼によって所有権はそのままにして耕作権を集積し、それぞれの農家に代わって農協みずから農業経営の全部または一部にかかわることができるように制度を改めることが前提になる。端的にいうと、流通農協から農業生産もおこなう生産農協に制度を変えることである。そのうえで、地域の集積農地は一〇〜二〇ヘクタールを単位とするいくつかの農区に分ける。その農区内あるいは農区間で、米・麦、野菜、果樹、畜産、工芸・薬用作物の露地生産と施設園芸など多岐にわたる種目を選択し、播種から収穫まで労働配分を合理的にする栽培体系を採用する。そして化学農薬や化学肥料に過度に依存しない有機農業を実現し、合理的な地力の維持のために、二年三作など休閑期を含めたブロックローテーション（輪作）をおこなう。これが実現できるのは、農協への経営信託によって個別農地の間で異なる作物の作付け交換ができるからである。

農区ではローテーションを利用して、レンゲや菜種、ひまわり、コスモスなどの景観作物や四季の果樹も配置される。そして養蜂も可能となる。牧場には山羊や乳牛が草を食むだろう。散策路や野鳥の森やカエルやトンボのいる池や小川もつくられるであろう。農家レストランもある。これは夢物語ではなく、日本にも外国にもすでにたくさん見られる光景である⑸。

栽培された農産物は、地元と近隣都市の直売所に並べられ、また生協などに産直販売の形で届けられる。もちろんこれはコミュニティのブランド品としてネット販売もされる。

問題は人材である。農協の理事には農家のほかに、外部から農業の専門技師が入ることになる。

コミュニティ農場の作業は、農場経営の専門家が担当する。ワーカーズ・コープが経営受託や作業をするケースもある。イギリスの例を二つ紹介しよう。

**事例1 ファームケア**

ファームケアはイギリス東部地域に二七の事業所を設置している。農業者から依頼があれば、農業経営・販売の請負や農作業のオペレーター、専門技術者集団を派遣する。土地管理や環境、景観の保全、健康管理、リスク管理などをプロチームでおこなう。

主な事業は、

①農業の受託経営
②作業受託
③助言サービス（農業の計画、販売の助言）、リスク管理、環境保全への助言
④土地管理（境界や柵の管理、野獣災害の見回り、水路・廃棄物の管理）
⑤リスク管理（資金管理、農薬などからの健康と環境の管理、車や設備の安全管理）
⑥環境保全（景観の保全、農薬・肥料・糞尿による水質汚染の防止）

である。

### 事例2　7Yサービス会社

ロンドンの西郊、ウースターシャ郡へレフォード市の農家グループが自分たちの農場の農業機械の共同利用のための協同組合を設立した。そして、機械利用の経験を活かして、近隣諸郡の農家に農作業の代行を呼びかけた。委託農家は余分な投資の必要がないので、7Yサービスに農作業を委託した。7Yサービスは従業員を四五人まで増やした。さらに受託先を中小企業や自営業にひろげ、フォークリフトやチェーンソーの研修会や会計処理の教室を開くまでになった。利用者の年会費一〇七万円。売上高は六億三〇〇〇万円である。

日本では、このような農業の経営または作業受託をワーカーズ・コープでおこなうことが望ましい。日本の森林組合には植林と伐採をおこなう労働者の「作業班」がある。これが地域の山林全体を管理できるように、森林経営の技能の向上について組織的な補強と支援をする必要がある。日本のアソシエーション社会は、国土資源にたいする思想と政策の大転換をもたらすだろう。

コミュニティ農業は福祉もその目的に含んでいる。たとえば農業生産協同組合は内部留保したあとの剰余金を土地提供と作業委託した農家への利用配当と年金にあてる。またコミュニティのデイケア施設の充実のための基金にあてる。そして高齢者介護のワーカーズ・コープを組織する。

コミュニティ農業はこのように生活と生産を結合するシステムによって運営される。この活力を持続するために、農村の地域社会において、農協は農村における多様な生活者の自治的公益機能を果たす機能集団に変わるであろう。内容的には市民的公共性を担う地域の生産・生活協同組合のイメージに近いものになろう。

## 4　田園都市と協同社会の実現

### 「村に都市をつくる」

序章で述べたように、レイドローは協同組合とコミュニティに二つの複合タイプを想定している。一つはコミュニティが母体となって協同組合をつくる道、もう一つは協同組合が母体となってコミュニティをつくる道である。

レイドロー報告で提案している「都市のなかに村をつくる」というのは後者の道である。ここで私は、崩壊しつつある「村に都市をつくる」という前者の道について検討したい。都市をつくるといっても、村に高層ビルを建設したり、大規模な工場、公共施設や観光・娯楽施設を誘致したりするというのではない。人々が住みなれた地域で働き生活できるように、地域を活性化するベンチャー事業や農林漁業を起こそうというのである。最近、インキュベーターという名の中小企業の起業を支援する事業が制度的にも整備されてきているから、それに取り組む人材がいれば、以前よりは推進しやすいはずである。実際、第二章でとりあげたハーストの著書『アソシエーティブ・デモクラシー』で紹介されている長野県坂城町《さかきまち》の例をはじめ、インキュベーター事業を計画している町村は日本全国に一〇〇近くを数える。

### ベンチャー事業による活性化のためには

こうしたベンチャーをつくるのは、やはり人である。人材の発掘ないし養成には次の環境が必要である。

①地方の市町村は、将来のニーズを先取りした企画が渦巻いている大都市と何らかの方法で連絡を持ち、新機軸についての情報を直接的に体感すること。雑多な断片的事象のなかから有効な情報を取り出すには、事業感覚と知識をもった人材が不可欠である。その才能は個人の天性的なものであろう。しかしそれは一人二人の仕事ではなく、数人のグループの連携によるところが大きい。ともあれ、先端を走る大都市との日常的連絡が必要である。これには都市と農村を結ぶ協同組合の組織をつくることが有効ではないだろうか。

②教育を変えること。自らの労働によって自立すること、自分の生きる道を発見すること、またそれに必要な能力をつけるために勉学することを基本とする教育コースを確立すること。

インキュベーター事業は、いまのところ商工中小企業が主になっている。農林業では「植物工場」のような施設型農業が当面の対象であるが、やがて農商工連携に発展する。これらのベンチャー企業は異業種の事業体や協同組合が互いに連携し、クラスター（房状）の構造に発展する。そして商店街と工業団地が形成され、野菜や新鮮魚貝の地産地消・小ロット販売の市場も設立される。大衆娯楽の施設も必要になる。

## 中心集落と緑地――田園都市のイメージ

現在のところ、インキュベーターは民間企業ベースの事業が対象であって、コミュニティの生活施設や社会資本の整備を目的とするものではない。しかし、やがて役所、郵便局、図書館、消防施設や保健所、警察、病院、公園などの公的施設が付設されるようになるだろう。このようにして生活圏の中心ができ、それらを生活の核にして、多数の市民が集まり、中心集落が形成される。これらの中心集落には、レイドローのいう協同組合サービス・センターが設置されるであろう。

中心集落は市街地を形成するが、市街地とその緑地の割合は、生活環境に大きく影響する。私の調査によると、関東平野のような平坦地では、都市計画における市街地と緑地の比率を基準とすると、市街化区域の面積が五〇パーセントを超えると、避難場所としても心理的やすらぎの感覚としても余裕がなくなり、ストレスがたまる。したがって、市街地面積以上の緑農地域が設けられなければならない。緑地空間は、稲作のほか、果樹、野菜、花卉、畜産、酪農、林業、漁業など多部門からなるが、部分共同ないし全面共同のグループを組織する。農場はワーカーズ・コープが受託経営し、農商工連携のインキュベーター事業として実施する。協同農場や工場の働き手には、元農家の家族が優先的に参入できる。農業はもちろん集団的有機農業で、家庭廃棄物のコンポストによる循環の形でおこなわれる。農業は土づくりと天敵利用のためブロック・ローテーションの方式でおこない、景観とレクリエーションの観点も導入する。つまりコミュニティ農業を母体として各種の協同組合を複合的につくるのである。

新しい農村コミュニティは、田園都市型コミュニティでなければならない。それが「村に都市をつくる」という面での「協同組合コミュニティ」の計画目標になるであろう。「都市に村をつくる」ことと「村に都市をつくる」ことは、交互作用によって進展するであろう。レイドローが本当に提案したかったのは、この二つの道の交互作用ではなかっただろうか。

**注**

（1）ヨハン・ガルトゥング「ニュー・エコノミックスのために――経済自立の理論と実際」（ポール・エキンズ編著／石見尚・中村尚司・丸山茂樹・森田邦彦訳『生命系の経済学』御茶の水書房、一九八七年、第七章）参照。
（2）拙著『日本型田園都市論』柏書房、一九八五年、参照。
（3）柏市環境部「清掃事業概要」平成二二年度版。
（4）東京二三区清掃一部事務組合「練馬清掃工場整備事業に係る費用対効果分析書」平成二三年。
（5）農林水産省関東農政局「東京圏北西部グリーンフロント地域整備計画調査報告書」一九九八年。

# 第7章　協同組合コミュニティ論から見た日本の生協と農協

ここで、視点を変えてレイドロー報告後の日本の協同組合の動向を協同組合コミュニティ論との関連で見ておこう。一九八〇年以後、日本の協同組合は協同組合コミュニティの建設に向けて順調に歩を進めたであろうか。否、それどころではない事態が発生した。九〇年代初めにバブル経済がはじけ、低成長と市場経済の混乱期がはじまると、協同組合を取り巻く環境が変わった。レイドローが提起した、優先的に取り組むべき四つの課題のうち、日本で実現したのは、主として第二優先課題のワーカーズ・コープの発展だけである。

第一の優先課題の食糧生産では、国内自給率が四〇パーセントというのでは、課題に応えたというわけにはいかない。第三の社会生活の維持という生活協同組合の課題については、レイドローの予想しなかった変化が日本では進展した。協同組合界は当面の経営合理化対策に追われ、「協同組合コミュニティ」にたいする戦略的関心が薄れていった。新自由主義とグローバリゼーションの破壊的影響による危機に対処するのに手いっぱいだったのである。

## 1　生協が「広域流通組織」を脱するには

生協に加盟する世帯はすでに全世帯の五二パーセントに達し、いまや生協は日本最大の民間組織である。そのなかでも、住民がみずからの地域のなかに設立する地域生協は、組合員が一八五六万人（二〇〇九年現在）に達し、生協全組合員の約七二パーセントを占める中核的組織である。

### 地域生協「発展」の功罪

地域生協は、日本で化学農薬や環境汚染の問題が発生した七〇年代から、安全な食品を求める子育て世代の女性を中心として加入者が増え続け、店舗も増設されてきた。

バブル経済がはじけた九〇年代初め以降、食料品や生活用品の購入をめぐってスーパーマーケットとの競争が激しくなり、九〇年代半ばには購買事業をおこなう生協の約三〇パーセントが赤字経営になった。経営不振の原因が小規模店舗の損失にあったので、地域生協は大型店化を指向するようになり、小店舗を廃止するとともに、赤字組合の解散と大きな生協への合併の方針をとるようになった。一九九五年から二〇〇〇年の間に、新設された店舗数二六六にたいし廃止数三五五という数字が、その合理化を物語っている。

その結果、購買事業をおこなう地域生協の三分の二が都道府県を区域とする生協になり、さらに二〇〇〇年以後には都府県を越える広域流通組織が計画されている。その背景には店舗購買に替わる個別配達がある。地域生協は広域化によって個人主義化に追随した。その結果、組合員はなお増えてはいるが、人間的絆の弱さを固定化し、あるいはそれに拍車をかけたことは否めない。

九〇年代以降、地域生協は経済的に安定したが、組織活動は弱体化した。その象徴の一つは共同購入によるコミュニティでの日常的な班活動が消滅したこと、第二に地域生協の専従職員が減少し、店舗事業の担い手が主婦のパート労働に替わったことである。地域生協は地域に人間的足場を持たない卸売りと系列小売業の組織に変質したのである。

### 地域生協を「協同組合コミュニティ」として再建するには

地域生協をいかにして協同組合コミュニティとして再建するか。第一にすべきことは、相互扶助の環境を取り戻すため、組織の地域分割と自主運営の強化である。購買事業店舗は続けてもよいが、分割された地区支所で育児や介護などの福祉・暮らしの学習・文化サークル、環境問題はじめ政治・経済トピックスの学習、予防保健の実技指導などの社会活動を重点的におこなうならば、人間関係の希薄になった住区を現代コミュニティとして復活させることができる。店舗の空き部屋などを、ワーカーズ・コープやＮＰＯの事務所として貸し出すことができれば、協同組合コミュニティはレイドローのいう活動センターに近づくであろう。

## 生協パート労働者の正規職員化を

第二は、生協従業員の三分の二を占めるパート労働者の正規職員化である。これらのパート労働者は実は組合員であり、生協利用者である。組合員が生協で働く場合に、不正規雇用になるというのは理解しがたいことである。中西典子氏の愛媛県での調査によれば、女性パート労働者のアンケートでは「有能なパートタイム等を正規職員に登用する制度・基準が必要である」(登用制度)という回答が二〇歳代を中心として多く、また「パートタイム等に生協の方針などをよく知らせ、もっと運営に参画できるようにすべきだ」(運営参画)という回答が五〇歳代に多い。住区に協同組合コミュニティを取り戻すには、女性組合員の登用制度と運営参画は欠くことができないし、また彼女たちにはその能力がある。

現在の日本では、地域医療制度を充実させようという要求の高まりとともに、医療専門家と介護士との連携の機運があり、遅きに失した感はあるが介護士の地位の改善が進みつつある。実際には、介護士の職能を高める必要があるが、介護士養成学校も次々に設置され、介護士の技能の向上は著しい。介護士の賃金改善、登用と運営参画は、患者にとっても歓迎するところである。

地域生協のパート労働者についても、地域医療の介護士なみの対策がとられるならば、さらに先に述べたような社会活動について、国・自治体の政策金融機関と信用保証機関が支援し、信用金庫・信用組合が運転資金を供給する体制があれば、都市における協同組合コミュニティの創造は急速に前進するであろう。

## 2　農協は農業経営を代行すべき

一九九六年、住専問題が発生した。住専問題とは、住宅金融会社の住宅ローンの資金として農協が融資していた余裕金が、バブルの崩壊によって巨額の不良債権となった事件である。

### 農協の遊休施設を生産拠点に

この総合農協の信用事業の危機以来、農協は合理化のために合併を迫られることになった。一郡単位の広域農協になっている例が一般的であるが、一県一農協の例も出現した。

農協は不動産を大量に保有しているから、合併は生協のように簡単ではない。それでも合併が強行された結果、合併前の旧町村の区域で組織されていた単協は、一般的に広域農協の支所になっているが、空き事務所や空き倉庫になっている場合が多い。この遊休施設は地域活性化のために活用することが望ましい。地元企業あるいは都市や被災地からの移転企業が、地域資源の活用と地域労働力の雇用によって製品を生産する拠点として転用することを検討すべきであろう。

日本の農村地域にはすでに道路、電力、水道、平地では農村下水道などの社会資本が整備されているから、農協支所の遊休施設がコミュニティ企業に転換すれば、中小企業が外国に工場を移転する傾向を是正する一助になるのではないか。国や自治体が賃料について補助すれば、実現可能な政策である。

### 人材の確保と養成が課題

問題は人材である。人材確保のためには、優秀な若者が高度な知識・技能を修得したのちUターンする教育制度を打ち立てる必要がある。また情熱と才能のある人材を、三顧の礼をもって外部から迎えることも必要である。さらにまた協同組合の人材養成のために、農協で働きながら大学卒の教養と専門技能を身につける教育コースの制度化が必要である。

私が協同組合監査士の試験委員をしていた経験に徴すれば、協同組合コミュニティのリーダーになるには、一般教養と読書と思想が必要であるということを強調しておきたい。ともかくにも優秀なスッフを集めることが第一である。

### 農協法に「農業経営」の四文字を

零細農家の多い日本の農村は、自作農という個人主義のために崩壊の危機にある。日本の貴重な農地の耕作放棄を食い止め、食糧の自給率を上げるには、第6章でも述べたように、農協が農業生産過程へ積極的にかかわる決意が必要である。

惰性を打ち破るには、農協法の事業のなかに「農業経営」の四文字を追加しなければならない。そして、高齢化や労働力不足のため出荷生産を継続できない農家については、自家菜園や自給農業を保障しつつ、農家の希望によって、農協が農業経営を代行すれば、また高齢者の介護に乗り出すならば、協同組合コミュニティの回復に一歩を踏み出すであろう。

## 3　外資に買われる日本の山林

### 協同組合コミュニティがない日本の山村

コミュニティへの愛着と共同所有意識があってこそ、国土を守ることができる。貿易の自由化、資本投資の自由を原則とする資本の論理では国土は守ることができない。またそれを容認する国家機構では、外国資本による国土の買収を阻止できない。山村に協同組合コミュニティがない日本の現状を報告しよう。

FAO（国連食糧農業機関）の調査によれば、外国資本にたいして自国の土地の所有を禁止している国が多い。その理由は、国民国家の存立のための農林業、自然環境、安全保障の確保にとって、土地主権の確立が基礎になるとする国が多数であるからである。しかし資本の国際間移動の増加につれて、外国資本による土地所有と利用を相互に認める状況があらわれてきた。

### ほとんどの国が外国人の土地所有を制限

そして土地の所有と利用に関して、外国人（資本）の権利を自国民の権利と原則的に平等とする場合でも、ほとんどの国が自国の土地主権を維持するために何らかの政策的規制を設定している。FAOは外資にたいする土地の所有と利用の禁止を含めた政策的制限の例を紹介している(1)。

土地は国民国家の基本的資源である。土地と領域なくしては、国民国家は存立することができない。住宅、農業、自然資源の利用および国の安全保障のすべては、土地の管理と利用に基礎を置いている。

近代国家が登場したとき、市民でない者は「フォリナー（外国人）」または「エイリアン（在留外人）」として区分され、その身分によって、土地の所有と利用の権利が取得できないものとされた。その後、時代が移り、世界の相互依存が増すにつれて、「外国人」にたいする扱いが変わり、グローバルな交通・通信の促進によって、国外投資の増加と国際貿易の拡大の過程が進んでいる。多くの圏域では、国々は相互の市民が同様の扱いを受ける権利を認めるようになった。その傾向は今後も続くと思われる。

しかし土地に関しては、外国人による所有と利用をいまなお制限する国家が多い。

（中略）

日本では、（非居住法人についてと同様に）居住外国人による土地購入の制限規定がない。これに反し、カナダのマニトバ州では、非居住の個人にたいして総計一〇エーカー（四ヘクタール）を超える農地における利権の取得は禁止されている。同じくブラジルでは、外国人（個人）はブラジルに居住している場合、特別の認可と法律順守を条件として、農村資産だけを購入することができる。

**政府の無関心が生む安全保障の脅威**

国民国家の自立のうえで予想された不安が日本で現実のものとなった。実態調査に基づいて警鐘を鳴らしているのは、平野秀樹、安田喜憲著『奪われる日本の森』である。それによると、一九九〇年以来、急速に外国人（資本）、特に中国人による日本の山林買収が進んでいる。買収されている土地・不動産は人の入らない奥地の山林ではなく、離島・港湾、空港・発電所、牧場・リゾートなどインフラ整備の進んだ地区ないしその後背地である。たとえば、対馬、五島列島、羽田空港やその他の発電所（交渉中）、北海道ニセコ、長野県白馬村、千葉県・青森県・群馬県・福島県などのゴルフ場やホテルなどで、その多くが山林に関係している。

売り手は日本の山林地主、山林ブローカー・商社などであるが、元所有者は後継者のいない高齢農林家であることが推測される。買い手の富裕外国人や資本は、韓国、香港、中国、オーストラリア、アラブ中東国、西欧その他さまざまの国におよんでいる。

日本の山林が外国人に買収されることで予想される問題は、日本の山林資源が伐採ないし粗放管理されることで水資源が荒廃すること、災害が起こりやすくなること、環境保全が危険にさらされ、さらに日本の安全保障が脅かされることである。

問題は政府が国民国家の安全保障やリスク管理に無関心であること、無責任、無能力であることである。国家が金融資本のグローバルな要求に追随している結果である。識者のなかには、日本企業も外国に不動産投資をしているから、外国資本にたいする土地投資の開放は対等な相互関係ではないかという意見があることも事実である。しかし日本の山林買収は水資源がおもな目的であることを考えると話が違うであろう。

## 協同組合コミュニティによる山林買収阻止を

日本の山林にたいする外国資本の取得のおよぼす社会的損害を予防するため、国民国家の安全保障や生活防衛のうえから防止政策が提案されている。たとえば、地籍調査の完遂、入会林野近代化による分割促進と私有財産化政策を見直すこと、そして、森林トラストの拡大や創設などが考えられている。

それには、農協のあり方について述べたところでも強調したように、協同組合コミュニティの創設が絶対に必要である。二〇一二年二月、埼玉県が外資による山林買収の危険性に気づき、事前届け出制を義務づける条例を県議会に提出した。これが全国ではじめてのケースであり、国からの発案でなかったことは注意すべきことである。国家の危機管理意識は希薄なのである。

**注**

（1） Stephan Hodgson, Cormac Cullinan, Karen Campbell; Land Ownership and Foreigners: A comparative analysis of regulatory approaches to the acquisition and use of land by foreigners, FAO Legal Papers Online, December, 1999.

# 第III部 ワーカーズ・コープ発展のために

# 第8章　日本の社会運動としてのワーカーズ・コープ

協同組合コミュニティという協同組合を触媒とした新しいコミュニティを創造するには、人間同士が温かい手をさしのべあう労働が必要である。重ねて言うと、人間性に目覚めた労働が必要である。なぜならば協同組合コミュニティは家庭のようなものであるから、家庭が収入を得る労働と共同生活のための自給労働から成り立っているように、フォーマルな労働とインフォーマルな労働の支え合いが必要条件である。単純にいうと、フォーマルな労働とは賃金労働であり、インフォーマルな労働とは家庭内の無償労働である。しかしその無償労働は何らかの形で有償化されている。それが家庭というものである。協同組合コミュニティにおいても同様である。インフォーマル労働をフォーマルな労働とする共同体のシステムを含むのがワーカーズ・コープ（コレクティブ）である。だからワーカーズ・コープ運動はいままでの労働運動にはなかった社会運動なのである。

## 1　社会運動としての初期生活クラブの運動

回顧すれば、一九六〇年の安保反対の大衆闘争において、既成の労働組合の型にはまった組織動員の方式は、機動性の点で限界のあることを露呈した。市民社会は「組織」の時代から「個」の時代へ移行しつつあったからである。

### 生活クラブの設立と発展

生活クラブが女性を主体とした自主的な共同購入の運動組織として始まったのは一九六五年である。そして「班」組織を基礎とした無店舗型の生協として発足したのは一九六八年である。それはまさしく「個」の時代における市民運動の活動形態を提示するものとして、社会運動史上に記録すべきものとなった。

一九七〇年代になると、生活クラブの共同購入運動は、ポスト工業化社会のテーマである脱石油文明の思潮を具現する運動に発展した。それは、食料・その他消費財の産直運動を通じて、エコロジー、性差別反対、リサイクル、遺伝子組み替え食品不買の運動などに分枝を出し、草の根市民運動を推進する母体として脚光を浴びるまでになった。野村かつ子氏は主婦連的運動から「消費者運動」を自立させた先覚者であるが、そのコンセプトは生活クラブの運動との相互作用によってはじめて裏付けされた。生活クラブ生協は一九八九年に、「もうひとつのノーベル賞」といわれるライト・ライブリフッド賞を受賞した。それは、工業化社会を超えた人間性に基づく社会の建設に普通の人が取り組むことのできる大衆運動を具現した点を評価されたからであった(1)。

その生活クラブ運動にも、外部からの批判がなかったわけではない。批判の主たる論点は、①中産（中流）階級の運動にすぎず、体制変革の力がない、②運動主体が明確でなく長続きしない、③社会運動の定義がはっきりしない、などであった。これらの批判はかならずしもあたっているとは思えない。

## 問題のシングル・イシュウ的性格と組織のあり方

むしろ論点は、「個」の時代の社会運動のシングル・イシュウ（一個の争点をとりあげる運動）的性格と組織のあり方におかれるべきであった。すなわち経済成長による社会のゆがみから発生する抵抗ないし抗議運動は、各種のシングル・イシュウとして発生する必然性がある。問題提起と行動への結集には、シングル・イシュウ的なとらえ方がわかりやすいし、行動に移しやすい。その反面、その運動は個別的局地的運動になりやすく、一時的には燃え上がるが、強力で辛抱強いリーダーがいない場合、自然消滅しやすい点に弱点があった。それを持続可能な運動にするには、何が必要なのかが問題であった。

シングル・イシュウの提起しているこの問題に、社会運動として理論的にまた実践的に答えを出することが、時代の要請であった。生活クラブは生協として認可登録されている協同組合組織であるために、シングル・イシュウの運動を有機的に結合することを本業とするものではなかった。その最大の理由は、シングル・イシュウの市民運動がとりあげているテーマは、既成の制度では解決のできないインフォーマル（非公式）な領域に関係した懸案が多く、生活クラブ生協のフォーマル（社会的に公認された正規）な経済活動のなかで、その事案をとりあげて解決することは、目的外の課題であったからである。

## 2　「新自由主義」対「新社会運動派」

協同組合は、社会組織としての人間的要素と経済組織としての企業的側面から構成されている。しかし、経済成長が維持できなくなった一九九〇年代以降、協同組合の二面性の両立が難しくなった。どちらを優先させるか、二つの方面からのアプローチがはじまった。その一つは「資本」の論理による新自由主義の経済学者から、他の一つは「新社会運動」派のアソシエーション社会学者からである。

### 「新自由主義」による資本の論理

「新自由主義」の新制度学派は、協同組合の二面性を自己矛盾として指摘する。そして貧困層の所得向上のためには、協同組合の企業的側面における非効率性を改革し、まず収益性を高め、その収益で貧困問題を解決しようとする。そのため既存の伝統的価値観にとらわれている協同組合の改革を提案する。その一例として、南アフリカ共和国の二〇〇五年協同組合法をとりあげるとわかりやすい。

南アフリカ共和国では、一九九四年、ネルソン・マンデラ政権が誕生し、アパルトヘイト（人種隔離政策）を廃棄した。人口四九〇〇万人（一九九一年）のうち、支配者であった白人（同年、全人口の一八パーセント）は流出を続け、二〇〇二年には約九パーセントに減少した。他は原住民、混血、インド系住民である。この国は資源にめぐまれ、工鉱業が発展し、アフリカ全域を市場とし、アフリカ大陸の経済発展の牽引車の役割を果たしている。国内の多国籍企業が外国の技術労働者によって繁栄する反面、不法移民の流入があとを絶たず、また人口全体の五三パーセントにのぼる貧困層の失業率は五〇パーセントに達している。

南アフリカの協同組合法(2)は、目的の第一に「協同組合原則に基づき、フォーマル・エコノミーにおいて活動する経済的企業としての協同組合員と持続可能な多様な協同組合の発展を推進する」と明記している。

かれらは、協同組合はアソシエーションと経営資本との両面から構成されるという特性を認めるが、貧困問題の解決には、組合員組織としての民主制にたいして経営の企業的独立を分離するシステムをとる必要があるという。

協同組合において組合員制度につきものの閉鎖性を指摘し、組合員以外の顧客を含めた利用者へのサービスの重視に切り替え、経営の独立性を強調する。協同組合の発展の方向は加工部門の拡充と事業の高度化にあると考え、自己資本の拡充のために、出資を株式と同様に他人に譲渡することを認める。ただし協同組合原則との整合性のために、単協では一人一票制の議決を踏襲するが、二次組合、三次組合では最高一八パーセントまで株数に比例する議決権を認める。そしてさらに組合資本の増強のために、組合債の募集を拡大する。投資を魅力のあるものとするため、組合員にたいする利用高配当をなくし、出資配当と報奨金に切り替える。剰余金からの内部留保を強化する。必要に応じて株式会社への転換を認める。組合の政策決定の迅速化のために、一般組合員の関与する範囲を制限し、プロマネージャーの権限を広げる。

この法律によって登記できるのは、住宅協同組合、ワーカーズ・コープ、社会的協同組合、農業協同組合、葬儀協同組合、信用組合、消費組合、販売購買協同組合、サービス協同組合で、所管官庁は通商産業省である。

以上のスタイルの協同組合の法制は、南アフリカに限るものではなく、ドイツやアメリカの数州、オーストラリア、カナダの一部に見ることができる。

### 新社会運動派による「新型協同組合」批判

新自由主義の新型協同組合への批判に立ち上がったのは、いままで経済学の補助手段とみなされていた社会学の研究者たちである。アメリカ農務省（ＵＳＤＡ）は、新自由主義の協同組合の登場に危機を感じ、新型協同組合にたいする批判的検討を研究者に委託した。その報告の一つ、パトリック・ムーニ（ケンタッキー州立大学社会学部）、トマス・レイ（ＵＳＤＡ協同資源管理部）の論文「協同組合転換の理論と実際[3]」を紹介しよう。かれらは言う。

> 社会学の中心課題は、二つ以上の個別事項の間の相互作用とその特徴である。その相互作用は緊張関係ということができる。それは闘争でもあり協同作業でもある。
>
> （中略）
>
> 新社会運動のめざすところは、市民社会における民主化の強化であって、一般的には民主化を第一義とすることである。つまり（投資家ではなく）利用者が協同組合を所有し、経営し、利益を受けるという基本的原理が——社会的利益の民主的関係を深化させる意味において——伝統的協同組合に新社会運動の形態を植え付けることである。

そして協同組合システムにはジレンマのあることを前提として、それらを結合することによって、矛盾を解決するところに協同組合の意義があるとする。かれらは新自由主義の新型協同組合モデルは、協同組合が社会と経済の両面からなる複雑な構成体であることを無視し、経済とくに資本の所有と経営の論理に問題を単純化していると論難する。そして新社会運動が古い社会運動と違う点は、シングル・イシュウを結合することにあると考える。かれらは、新自由主義との基本的対抗軸を次の四項目に集約する。

①資本主義経済対デモクラシー
②生産（者）対消費（者）
③グローバル対ローカル
④伝統的社会運動対新社会運動

この四つの対抗軸で④の「伝統的社会運動」というのは、労働運動や農民運動、その他の業者の運動などで、自分たち利益集団のためだけの運動を指している。②の生産者対消費者についてのかれらの説明を紹介しよう。

協同組合運動の歴史は、生産対消費の分裂を克服することによる利益の追求であって、たとえば「協同組合コモンウエルスの創設」がその例である。食料と生活用品をめぐる新しい社会運動――健康、食料安全、環境問題、土地利用、コミュニティの存続――は、食料や繊維の生産者と消費者の利益を統合する必要を示している。協同組合には自由市場に任せる規制と国家による公的規制との間の中間コースを設けることのできる利点がある。生産者と消費者が内部に統治構造をもつ経済組織としての協同組合をつくって運営することが民主化というものである。これこそ「投資優先企業」（ＩＯＦ）よりも優れたものである。ＩＯＦは一層大きい問題すなわち社会的費用、エコ費用、コミュニティ費用を除外している。生産者と消費者の結合は、いくつかの点でＩＯＦの反対である。

## 核となる人間労働の問題

しかし残念なことに、アメリカの新社会運動派には、新自由主義の新型協同組合に対抗する革新的な目標とそれを実現する具体的な工程表の対案が見られない。なぜ具体的戦略が提起できないか。生産と消費を結合するには、社会、環境、地域社会などのインフォーマルな分野の問題を解決しなければならないが、その核心となるのは広義の人間労働の問題であって、労働する者の労働と暮らしを重要な指標とする必要がある。さもないと「民主化」の提言が言葉の遊びになるおそれがある。国際協同組合同盟（ＩＣＡ）の協同組合原則にある矛盾を最終的に解決するのは実践においてである。新社会運動の意義はそこにある。ＩＬＯ（国際労働機関）の「協同組合の促進に関する新勧告」（二〇〇二）と「ディーセント・ワーク（人間の尊厳を保障する労働）に関する提案」（二〇〇二）をあわせて検討する必要があるのはそのためである。

その点、ＩＬＯが世界三四カ国の林業労働者にインタビューをおこなった個人史の収録資料と日本林業労働組合（京都府）の組合員たちの投稿記事を収めた『世界の林業労働者が自らを語る』は注目に値する。(4) この著作で菊間満教授（山形大学）は、森林組合などの現場責任者たちによる三年間のシンポジウムにもとづき、日本の中山間地域の復興のための政策を提案している。その大要は、森林組合、農協、作業班の労働者（労働者協同組合員、地域住民、利用者、移住者を含む）などの水平結合による里山を含む森林と農地の利用管理であり、さらに地域資源を利用した食品・木製品加工や住宅産業、森林療法などを垂直統合する地域共同体の形成である。日本に凛とした政治なり、熱意のある人材があれば、その実現は可能である。ＴＰＰ（環太平洋経済連携協定）加入が国論を二分する関心事となる現在、真剣に検討すべき提案である。

## ３　企業社会におけるインフォーマル労働とフォーマル労働

従来の社会運動では、資本主義経済をフォーマルな領域とインフォーマルな領域に区分し、二分法的な対抗関係でフレームを作成してきた。しかし、ブラジルのポルトアレグレでの家庭ゴミ収集のワーカーズ・コープの調査(5)によると、ゴミ収集の現場で働く人間の労働は最低賃金に届かない低賃金であり、きついノルマがあり、しかも労働法による保護がなく、あきらかにインフォーマル（不正規）な労働である。しかし、これを商品循環の流れで見ると、収集した廃棄物は商品として売買され、次の処理加工過程では別の株式会社でのフォーマルな事業となり、製品は正規市場でフォーマルに販売されている。つまりシングル・イシュウではインフォーマルな事業も、経済の再生産過程では総事業体制を下支えする部品として組み込まれてしまう。「生産者対消費者」のように二分法による対立的概念に終始するのは、社会運動の幅を狭くすることがわかる。

九〇年代以降のグローバリゼーションの進展とともに、非農業部門においてもインフォーマルな雇用が五〇パーセントを超え、資本主義そのものがインフォーマルな雇用を必要とし、それによって成り立っていることがわかる。

## 4　協同組合にとっての「新社会運動」の可能性

### ワーカーズ・コープの労働の対価

ここで問題となるのは、ワーカーズ・コープの労働である。かれらの労働の分野は、八〇年代は自主企画による食品（たとえば、仕出し弁当、手作りパン）などの物づくりが多かったが、九〇年代からは高齢者介護、家事支援、デイケア、幼児保育、独居高齢者への給食など、社会福祉サービスが増えた。それにともなって、九〇年代には、いっそう労働集約的な事業活動になった(6)。つまり資本設備を要する自主企画事業よりも、地方自治体や公的機関、また協同組合、公益団体や一般企業からの委託事業を引き受ける労働組織の性格が全体として強くなった。

社会福祉サービスの特徴を労働市場の点から見ると、まず実需者（利用者）があって、その一人ひとりからの注文を受けてサービスないし生産物を提供する受注労働である。このような受注労働は利用者のそれぞれの抱える事情に合わせて、個別対応する労働であるから、労働の対価は、サービスを必要とする人の満足度と支払い能力に応じて主観的に決まるものである。

もちろん対価の標準というものが暗黙にはあるが、善意の労働の提供者にとっては、対価は受動的に決まるもので、割に合わないからといって、むげにサービスの提供を拒否できるものではない。インフォーマルな福祉労働には、大量規格商品のようにフォーマルな市場での一物一価の価格形成のメカニズムが働かない。それにたいし、フォーマルな市場では、商品の価格は支配力の強い企業の指示ないし期待価格が先にあって、利用者はそれに追随するか、いくらかの選択をすることしかできないのが実際である。

ワーカーズ・コープの労働の対価は、大企業の支配する市場経済の一物一価の法則が、そのまま適用できないのである。労働条件の決定についても、フォーマルな労使交渉で決めるわけにはいかない。何らかの別の方法が必要になる。

たとえば、労働対価をフォーマルな最低賃金制の定める水準に引き上げるには、それに準拠した基準を集団として自主的に設定する必要がある。それとともに、労働提供をする業界全体のレベルを引き上げて、信頼性を高めることで解決していかなければならない。

## インフォーマル労働をフォーマル化する

労働基準についても、労働基準監督署が外からその遵守を押しつけるのではなく、自分たちで人間の尊厳を実現する働き方のルールをつくり、労働のあるべき秩序を創造しなければならない。労働組織と人間のモラルを結合しなければならない。そしてこの働き方を社会に認知させるのが、ワーカーズ・コープにおけるインフォーマル労働をフォーマル化する原理である。

「協同労働の協同組合法」の制定運動で最大の問題は、インフォーマル労働のフォーマル化の問題であった。運動の努力によってそれを公認する基本規定を設けるところまで漕ぎつけることが協同労働の協同組合の法制化の第一関門であり、働き方の実体をつくるのは第二課題である。

インフォーマル労働のフォーマル化のために、「新社会運動」の目標について検討しよう。

①労働所得を最低賃金以上にするためには、ワーカーズ・コープのサービスの利用者の支払い能力を高め、サービスの提供者とＷｉｎ・Ｗｉｎの関係になるようにする必要がある。それを実現するには、他者である需要者の就労支援や生活保護の改善、健康保険、年金などの社会保障に関する領域まで含めた外向きの活動が求められる。そしてそれを推進するワーカーズ・コープのネットワークによって、個人ごとの問題解決を受け付けて、公的な関係機関にたいして働きかけていく必要がある。

②専従職員は協同組合運動にとって決定的に重要な存在である。その仕事が会社の雇用労働と違う点は、基本的に組合員個人からの注文にたいする受注サービスであることである。その点では、ワーカーズ・コープの従事組合員の仕事と変わりはない。違う点は、各種の協同組合が業種別の協同組合法によって法人格を与えられ、専従職員に「雇用労働者」としてのフォーマルな身分を保障していることである。それによって数十万人の雇用をつくりだしていることは記憶すべきことである。

## 協同組合の連携と統合を

協同組合がその外部の失業者やインフォーマルな非正規雇用者にフォーマルな労働者として働ける場を広く提供するには、ワーカーズ・コープのWin・Winの道筋によることが基本となるであろう。その方策を含めた各種の協同組合の連携を促進しなければならない。

それを組織的におこなうには、「協同組合基本法」の制定も選択肢の一つではある。しかし「協同労働の協同組合」の法制化の要請にあたって、国会議員の理解を得るのに最後まで難航したのは、労働者協同組合における働き方が自営業者的なのか労働者性が強いのかについての認識の差異があったことによる。このことを見れば、日本国憲法にいう国民の勤労の権利と義務を統一的に理解し法制化する能力を現在の国会に期待することは、針の穴にラクダを通すように難しい。

それよりも、まず各種の協同組合が参加する全国協議会を設立し、失業やインフォーマルな「雇用」の改善を提言することのほうが現実的である。そして協同組合みずからも、各種の協同組合の地域ごとの水平統合と垂直統合を推進し、各組合のぞれぞれの地域における役割を位置づけ、また統合を推進する工程表を提示して、できる地域から自主的に着手するほうが現実的であろう。それがレイドローの提案した「雇用者としての協同組合」[7]を実現する「新社会運動」ではないだろうか。

**注**

(1)　石見尚著、小川葉子・小林千尋編「ライト・ライブリフッド・アウォード受賞」生活クラブ生協千葉、一九九〇年。

（2）Department of Trade and Industry, Government of the Repablic of South Africa; Guide to South African Cooperatives Act, 2005.

（3）United State Department of Agriculture; Cooperative Conversion and Restructuring in Theory and Practice, 2002.

（4）ベルント・シュトレケ編／菊間満訳『世界の林業労働者が自らを語る――われわれはいかに働き暮らすのか』日本林業調査会、二〇一一年。

（5）Diego Coletto; *The Informal Economy and Employment in Brazil-Latin America, Modernizaton and Social Change*, Palgrave Macmillan, 2010.

（6）石見尚著『日本型ワーカーズ・コープの社会史』緑風出版、二〇〇七年。

（7）レイドロー著『西暦二〇〇〇年における協同組合（レイドロー報告）』日本経済評論社、一九八九年、第Ⅳ章。

# 第9章 ワーカーズ・コープにおける人的資本の意義と会計システム

## 1 人的資本の価値とワーカーズ・コープ

### 企業経営において評価される人的資本の価値

近年、企業経営の思想が急速に変化している。注目すべき提案の一つが人的資本（human Capital）の価値の認識である。

この傾向は、経済成長を主導してきた重厚長大産業のハード面の技術革新が一巡して、知識や組織つまりソフトの革新に負うところが大きくなった時代背景を反映したものである。人的資本の価値は一九世紀にはマルクスが提起したところであるが、かれの「資本論」は資本に包摂されたかぎりでの労働の価値を理論化するにとどまり、資本から独立した人間の能力を陽表的に理論化することを先送りしてきた。

これにたいし、人間の無形資産を資本として物的資本と対等に評価し、「人的資本」の位置に引き上げる変革の試みが、一九六〇年ないし七〇年代から、欧米二二カ国が加入（一九七〇年時点）するOECD（経済協力開発機構）ではじまった。経済・経営界に思想変革を迫るこの発想は、九〇年代にさらに発展を遂げ、政策面としては、人づくり、とくに雇用、労働と関連して、教育、研修の課題として具体的にとりあげられるようになった。同じころ、ILOはディーセント・ワーク（人間の尊厳を保障する労働）をキー・ワードとして、政府、企業経営者、労働者に啓発的提言をおこなうようになった。この傾向は現代経済思想の地下水脈となっているように思われる。

**ワーカーズ・コープは人的資本の再認識を**

「人的資本」の思想は、協同組合にとって、わけてもワーカーズ・コープにとって他人事《ひとごと》ではない。協同組合こそ、もともと「人的資本」を基礎とする活動組織であるからである。新自由主義の支配下で、日本の協同組合は存続の危機に瀕《ひん》している。すくなくとも存在意義を失いつつあるように憂慮されるが、いまこそ「人的資本」の概念の復位とそれを現代的に機能させる課題に直面しているのではなかろうか。

そのため、ワーカーズ・コープは「隗《かい》より始め」なければならない。なぜならワーカーズ・コープは友愛と連帯の精神による協同労働の協同組合であり、事業活動を経営の観点から見るならば、総体的に人的資本を主体とする組織であるからである。ワーカーズ・コープにとって、現在の良い人間関係が資産であり、そしてその人間関係を地域のヒューマン・インフラストラクチャーとして拡げていくことが次の課題である。したがってワーカーズ・コープは、みずからの人的資本を再認識することによって、巨大な物的資本の優位を改めさせ、カネがすべての金融資本主義から人間の復権をはかる可能性を秘めているといえよう。その可能性を実現するためには、「人的資本」の価値の計測と会計の方法の開発に挑戦する必要があるのではないだろうか。

以下、本章の説明はすべての種類の協同組合の役職員に当てはまるが、ここではとくに福祉ワーカーズ・コープの介護従事者を想定して説明する。

## 2　一般企業会計の限界

### 一般企業会計システムの目的

周知のように、企業では経営業績を記録し公表するにあたって、貸借対照表、損益計算書と財産目録を用いることになっている。使いなれた借方と貸方から構成されるこの企業会計システムは、たいへん合理的にできていて、経営状態を明確に示す指標となっている。協同組合も、その企業としての活動実績を示すにあたって、この一般的企業会計システムをそのまま踏襲してきた。ワーカーズ・コープもこの点では軌を一にしている。

しかし、その合理性は資本主義企業の観点からの合理性であって、企業の経済活動を貨幣取引に関して表現する範囲にかぎられている。その理由は、主としてこのシステムの二つの目的にある。

一つは、企業の内部的な目的によるもので、会社業績を株主（出資者）に公表し説明するための資料であることである。そのため株主が関心をもつ会社の資産状況と損益の現状について、決算期ごとにその成果が簡潔に表記されている。

他の目的は外部の投資家にたいする情報公開であって、投資家に判断材料を提供するためのものであることである。それは他社との取引や銀行の融資にあたっての信用度の査定にも利用される。そのため、会計学が企業経営の健全性を測定する経営科学として多くの貴重な研究成果をあげてきたことは事実である。

## 企業の実体を表現できなくなった会計システム

原初の会計システムは、そうした動機から出発したものであるが、株式が金融市場で独り歩きするようになると事情が変わってきた。一九七〇年代後半以降、新自由主義の登場によって各種の規制緩和がおこなわれ、銀行と証券会社の業務の垣根が撤廃されたことに端を発し、機関投資家の資本市場での株式・不動産投資によって、狂乱的なマネー・ゲームに拍車がかかると、金融経済と実体経済の乖離《かいり》が日常化してきて、会計システムが企業の実体を表現できなくなった。

企業会計システムが実体経済を不完全にしか表現しない一つの原因は、そもそも、企業会計システム自体にある。伝統的会計システムは前述のように、貨幣取引の対象となるかぎりでの経済活動だけを伝票化しているからである。

すなわち、企業会計は経済活動をモノに還元しているので、物化できないものを会計のなかに包摂する方法がないのである。その最たるものは、企業内部にある労働力の資産的価値を当初から対象としていないことである。人間の労働については、企業会計では、借方に賃金、貸方にそれに見合う現金の減少が記入されるだけである。働く人的資源の価値は、貸借対照表からも損益計算書からも抹殺されている。

「企業は人なり」といいながら、人間の価値を給与・労賃の支出項目以外には評価できないことは、企業会計システムにとって致命的欠陥である。これと同じことは、企業活動の内部に影響のある環境条件、またコミュニティの価値、教育・文化などについてもいえることである。ここでは人間労働力に論点をしぼることにする。

## 3 人的資本の定義

ワーカーズ・コープは、レイドローがいうように「労働が資本を雇う（エンプロイする）」協同組合である。資本主義企業は資本家が労働者を雇用し、生活費を賃金で補償しながら、生計費以上に産出される剰余価値は資本に帰属するシステムによって成り立っている。そのため、人間の能力は資本の要求を満たす範囲で評価すればよいので、それが企業会計のシステムにもあらわれているわけである。しかしワーカーズ・コープは、労働が主人で資本は労働を支援する手段という関係であるから、人間の労働力の価値を適正に反映する会計システムが考案されなければならない。

人的資本とは、人間の生産力としての知的資産のことである。ＯＥＣＤ発行の「人間の知的資産の計測――知識経済時代の人的資本の会計」は、「人的資本」について、次のように定義している。(1)


人的資本とは、個人が物やサービスおよび新基軸をつくるために、市場環境および非市場的環境のなかで、一生のうちに獲得し活用する知的財産をいう。


なおＯＥＣＤはその定義の解説で大要以下のように述べている。

この人的資本の定義においては、知識の獲得の源泉（フォーマルとインフォーマル、家庭と学校、仕事と余暇）や能力の種別（頭の中だけの構想と具体的行動、ものづくり技術と組織づくり）、また特定能力の検証の方法（テストと書面審査、資格証明と実績）の如何《いかん》を問わない。

個人の能力の評価には、その職種について労働市場で相場として通用する金額つまり「交換価値」と本人の仕事の実力つまり「使用価値」とがある。

## 4　ワーカーズ・コープにおける人的資産の算定

### 技能向上の二つの経路

一般に技能の向上は、二つの経路を経て達成される。一つは個人の学習による認定資格の取得である。専門学歴もそのなかに入る。この傾向は個人主義の強い欧米では一般的である。他の一つは企業内研修や職場で経験を積むうちに先輩などの指導・助言で身につけるものである。これは日本的な特色で、年功序列昇給昇格の根拠となったものである。年功制が崩れるにつれて、前者の資格制が増える傾向にあり、その公的認定の制度が拡充される方向にある。

ワーカーズ・コープは物的資本の比重が比較的に小さく、人的資本の比重が高い。その典型である福祉を職務とするワーカーズ・コープをとりあげてみよう。福祉ワーカーズ・コープの人的資源は次の四つの要素で構成されている。

①無級の従事組合員、②訪問介護二級ヘルパー、③同一級ヘルパー、④その他、残余の全要素生産性（Total Factor Productivity／ＴＦＰ）。ＴＦＰには、地域オルガナイザー（マネージャー、コーディネーターなど）や情報・知識を提供する二次組織、地域で諸種の協力をする利用者・住民（ステークホルダー）などが入る。

各構成要素について次の範式が成り立つ。

人的資産－育成費用（負債）＝人的資本

組織にとっての人的資産＝組織の維持費として、組織的研修による技能向上の一部の拠出＝（交換価値－使用価値）の一定率（仮に二〇パーセントと仮定する）

**福祉ワーカーズ・コープの仮想例**

以下は四つの要素から構成されている一つの福祉ワーカーズ・コープ（仮定）についての試算である（図表5、6参照）。

（1）　無級の従事組合員（六人と仮定する）

家事介護、デイケアなど認定資格を必要としない介護活動に従事している一人について計算する。時給（使用価値）七〇〇円、一カ月従事時間一五〇時間とすれば、月収一〇万五〇〇〇円。年間収入一二六万円。これを最低賃金七三〇円（都道府県によって異なるが、平均七三〇円とする）に引き上げる。年収一三一万四〇〇〇円となる。そのためには、事業改善などのための調査、計画、研修が必要となる。組織的研修費（一〇万円と仮定する）は組合が負担する。

給与は最低賃金に等しい額を個人給与として受け取る。会計では人件費、現金支出として処理される。

無級従事組合員は一人につき賃金の上昇分の二〇パーセントを持続可能な組織の維持費として組合に拠出するものとする。すなわち年間拠出額＝（一三一万四〇〇〇円－一二六万円）×〇・二＝一

## 図表５　当期の貸借対照表

（単位：万円）

| 人的資産 | | 人的負債 | |
|---|---|---|---|
| 無級従事者（６人） | 788.4 | 無級従事者（６人） | 756.0 |
| ２級ヘルパー（５人） | 1260.0 | ２級ヘルパー（５人） | 630.0 |
| １級ヘルパー（１人） | 307.2 | １級ヘルパー（１人） | 126.0 |
| 全要素生産性 | 50.0 | 全要素生産性 | 20.0 |
| | | 研修等費用 | 140.0 |
| | | 人的資本 | 733.6 |

## 図表６　当期の損益計算書

（単位：万円）

| 人的費用 | | 人的収益 | |
|---|---|---|---|
| 無級従事組合員 | 60 | 無級従事者 | 6.48 |
| ２級ヘルパー | 50 | ２級ヘルパー | 126.00 |
| １級ヘルパー | 10 | １級ヘルパー | 36.24 |
| 全要素生産性 | 20 | 全要素生産性 | 50.00 |
| 人的費用計 | 140 | 人的収益計 | 218.72 |
| | | 人的利益 | 78.72 |

万八〇〇円である。

六人分の拠出金＝六万四八〇〇円になる。

（２）　訪問介護二級ヘルパー（五人）

まず一人について試算する。訪問介護ヘルパー講座を受講し、二級ヘルパーの資格を取得したとしよう。

時給（交換価値）は一四〇〇円、一カ月従事時間一五〇時間とすれば、月収は二一万円である。年収は二五二万円。技能養成費は個人の資格取得費一四万円、組織的研修費一〇万円とする。ただし資格取得費は個人負担とし、組織的研修費のみ組織負担とする。人的資本は次のように算定される。

二級ヘルパー一人の人的資産＝（二級ヘルパーの年収二五二万円（交換価値）－一二六万円（使用価値））×〇・二＝二五・二万円

五人分の拠出金額＝一二六万円

（３）　訪問介護一級ヘルパー（一人）

時給一六〇〇円、一カ月従事時間一六〇時間とすれば、月収二五万六〇〇〇円、年収は三〇七万二〇〇〇円となる。人材養成の費用には、個人的費用二〇万、組織的費用一〇万円とする。資格取得費は個人負担とする。組織負担は一〇万円。

一級ヘルパーの人的資産＝（一級ヘルパーの年収三〇七万二〇〇〇円（交換価値）－一二六万円

(使用価値))×〇・二＝三六・二四万円

(一級ヘルパー資格取得条件は二級ヘルパー経験一年を必要とするが、それに伴う収益と組織費用の計算上の調整はここでは保留する)

(4) 全要素生産性(TFP)

人的資産五〇万円、人的負債二〇万円としよう。

この人的利益七八・七二万円は人的資本七三三・六万円の一〇・七三パーセントにあたる。

## 5 人的資本の会計

人的資本の会計は既往の一般企業会計と接合して用いれば、企業活動の実体が明確になる。そのための約束ごとを述べておこう。

①企業における生産物の生産費の物的価値と労働価値が経理上分離されていること。

②労働価値がすべて単年度で生産物に転嫁され、資本の形成をおこなわないものは、一般企業会計で取り扱うこと。すなわち、借方に給与、貸方の現金に仕訳すれば足りる。

③人的資本の価値は時価主義で評価する。

この人的資本は$n$年後には、$733.6\times(1+0.1073)^n$万円となる。たとえば三年後には人的資本は約九九六万円に増加する。人的資本は、有形固定資産はいうに及ばず、同じ無形資産でもパテントや商標と違って、価値が成長するのである。そしてこの増価した資本を活用して、自立を求める加入者の就業機会を増やし、組織のイノベーションを続け、また人材を育成する。これがワーカーズ・コープの企業経営の本来の姿である。いうまでもなく、人的資本は後払い給与の拠出であるから、退職時には利子付きで退職金として感謝の言葉とともに給付することになる（人的資本の運営にあたっては、出資金と区別したファンドとすることも考慮する）。

以上は福祉ワーカーズ・コープのヘルパーの級別資格による試算であるが、職務の熟練度による能力評価については、筆者が過去に宮大工の例で紹介したように[2]、どの業種でも部内で何かの標準があるはずであるから、人的資本の算定はできるものと思われる。各種の業種の技能について、研修と資格認定を公的な制度でおこなう傾向が強まるであろう。

## 6　人的資本の減価償却

人的資本は加齢による体力の衰弱、また社会情勢の変化、技能革新によって、交換価値としての資産価値が低下する。それらを考慮して資本としての価値を時価主義によって減価する必要がある。問題は中年以降の加齢にともなう能力の低下がどうなるかである。これについては、日本労働研究機構「職場における高年齢者の活用等に関する実態調査」（一九九九年）が参考になる（図表７）。この調査は、企業が必要とする職種別の職務能力について、四五歳から六五歳までに能力がどうな

## 図表 7　職種別の必要とされる職務能力

| 分類・職務能力 | | 専門的・技術的職業従事者 | 管理的職業従事者 | 技能工、採掘・製造・建設および労務作業者 |
|---|---|---|---|---|
| 分類 A＋<br>年齢とともに上昇 | 専門的知識の蓄積 | 91.4 | 72.8 | 50.7 |
| | 不測の事態への対応 | 36.0 | 48.1 | 27.6 |
| | 接客・対応能力 | 28.1 | 35.0 | 6.8 |
| 分類 A<br>年齢とともに上昇、あるいは上昇後一定 | 技術・技能の熟練 | 64.6 | 24.3 | 82.6 |
| | 指導・育成能力 | 41.4 | 67.5 | 22.7 |
| | 職場管理能力 | 39.7 | 77.7 | 22.2 |
| | 判断力 | 51.8 | 65.2 | 37.2 |
| | 理解力 | 51.5 | 45.8 | 36.9 |
| | 企画力・開発力 | 48.7 | 49.5 | 6.5 |
| 分類 B<br>年齢とともに低下、あるいは上昇後低下 | ねばり強さ | 29.2 | 21.1 | 42.9 |
| | 集中力 | 33.5 | 18.6 | 36.9 |
| | 筋力・体力・視聴覚能力 | 17.9 | 11.4 | 49.8 |
| 分類 C<br>年齢には関係ない | 勤勉性 | 40.2 | 28.8 | 62.0 |
| | 積極性 | 34.1 | 34.2 | 34.9 |

備考：「労働白書」（平成 12 年版）

るかについて、企業から回答を求めた結果である。

この調査結果で興味のあるのは分類Aである。年齢とともに上昇、あるいは上昇後一定で落ちない項目である。技術・技能の熟練では技能工・労務作業者がそれにあたる。指導・育成能力および職場管理能力では管理的職業従事者がそうである。判断力、理解力では、専門的・技術的職業従事者および管理的職業従事者がそれにあたる。職種によって異なるこの傾向を理解すれば、加齢しても人を活かし、人的資本価値を維持することができる。

## 7　人的資本会計の効用

人的資本会計は一般企業会計を補完するものである。両者の接合会計を作成すれば、組織や経営にたいして広角的かつ多元的に目配りできるようになる。効用を列挙しよう。
①物的資本と人的資本を合わせて見ると、人の配置や組織の発想転換によって、物的資本の過剰投資を抑制できることが多々ある。
②人的資本への利益配分（退職金、年金など）の指標を与え、従事組合員の技能向上や学習意欲を高めるのに役立つ。
③適材適所の人事配置ができ、人間を生かし成長させ、インセンティブを与える。
④職を探す若者や高齢者が人生設計をしやすくなり、組合加入の門戸を開く。

⑤オルガナイザーの独自の役割と評価の基準が生まれる。

⑥協同組合の二次組織の役割と組織形態を検討する上で判断材料を提供する。

⑦地域住民（ステークホルダー）に人的資本を設定して利益還元ができる。協同組合と地域住民の協同による協同組合コミュニティづくりが推進しやすくなる。

以上の人的資本の詳細については検討すべき多くの論点を残しているが、基本的概念についてだけの問題提起としたい。大いに議論して実用効果のあるものに仕上げていただければ幸である。

人的資本については、協同組合原則の次期改定論議の一つのテーマとなるかもしれない。日本では、各種協同組合の部分的ないし全体的な地域統合が、近い将来の政策課題になるであろう。その際、ヒューマン・キャピタルの理論研究が統合の組織設計に役立つであろう。

こうした展望に立って、日本のすべての協同組合のバランスシートのデータベース化を望みたい。

**注**

（1）OECD: Measuring What People Know-Human Capital Accounting for the Knowledge Economy, 1996.

（2）拙稿「職業としてのワーカーズ・コープ」（『協同の発見』二〇〇八年一〇月）。

# 結び

協同組合コミュニティを基礎にした協同社会の実現には条件がある。
①中央集権型国家が地方分権型国家に移行すること。
②分権型国家の自治政府が、市民生活・文化に必要な機能（権限と財政）を市民自治のための非政府機関に移管すること。
③市民が地域で働き生活できる自治組織に、地域社会が組み変わること。そのためには識者が理事に参加する多様な協同組合方式の組合が生まれ、その地域内・地域間のネットワークによって、全国的また国際的に効率的な連帯と共存が形成されること。
④非政府機関代表による民主的統治会議が段階的に成立すること。
日本ではこの環境はすでに熟しつつある。主体的条件の整った部門や地域から実行を決意し、経験の交換を重ねれば、もうひとつの世界の実現は可能である。

# 付録

## 一九九三年六月二四日バスク協同組合法（抄）

**第一編**　協同組合

**第一章**　総則

**第一条**　概念

一　協同組合は組合員の経済的、社会的活動を推進することを優先的目的として、組合員の積極的な参加の要求を満足させ、協同組合原則を順守し、周囲のコミュニティの世話をする団体である。

二　協同組合の構造と機能は協同組合原則と調和し、他の公的機関や民間団体にたいして十分に自主独立性をもって行動するものとする。

三　協同組合は協同組合の要件と原則に合致しないとして法律で禁止する活動以外は、いかなる経済的、社会的活動もすることができる。

**第二条**　名称

一　協同組合は必ず協同組合または略語 Coop を用いなければならない。

二　既存の団体の名称を用いることはできない。愛称は追加してもよい。

三　いかなる種類と性格の民間または公的団体も、必要とする規定または明確な許可がない場合は、協同組合または略語 Coop の言葉を用いることができない。

**第三条**　住所（略）

**第四条**　最低資本金

協同組合の最低資本金は三〇〇〇ユーロ以下でないものとし、ユーロで表示する。最低資本金に相当する金額は設立時に払い込まれなければならない。

**第五条**　第三者との活動

一　協同組合は、第三者との協同活動を、法律と定款が明白に禁止せず協同組合にとって妨害とならない範囲で、組合員との活動にとって副次的、付属的な性格をもつ場合におこなうことができる。

副次的、付属的とは、協同組合が法律の想定または定める限度を遵守する範囲とする。

二　組合員と第三者との活動が、法律が想定ないし制限する範囲内であり、協同組合の経済事業の危険となる活動の低下または悪化によって協同組合を妨害しない状況にある時は、第三者との活動の開始と拡大について、環境によって場所と期限を限り認める。労働社会保障局に届けがあってから一カ月以内に通知のないときは、許可されたものとすることができる。

三　信用組合と共済組合は第三者との活動を、すべての場合に、それぞれの金融活動に適用される規制の条件と範囲で実施しなければならない。

## 第二章　協同組合の設立

**第七条**　設立集会

一　発起人が構成する設立集会は、協同組合の定款を承認し、定款に必要な同意事項を可決する。発起人は関係する種類の協同組合の条件を取得するに必要な条件を整備しなければならない。

二　設立集会の議長と書記は出席者のなかから選任する。

三　設立集会の議決には少なくとも集会の場所、日時、出席者の名簿、配布資料、投票結果、合意文書を付記しなければならない。

四　議事の証明は集会の書記とは関係のない発起人が作成し、議長が署名する。

**第一一条**　設立

一　協同組合は公文書をもって設立する。公文書は設立総会の日または定款に記載される事業の事前査定から二カ月以内に作成され、協同組合登記所に登記し、法人格を取得した時に有効となる。

二　設立文書と協同組合に関するその他の行為の登記をしてから、登録税の申請または納入の証明書が発行される。

**第一三条**　定款の最低記載事項

一　定款に記載する最低内容は次の事項である。

（a）名称（b）登記事務所（c）目的とする事業（d）期間（e）一次組合の活動区域（f）加入条件と脱退条件（g）組合員の権利と義務、合わせて組合員の協同組合活動への関与や参加の仕方（h）基準となる組合規律、違反と罰則の規定、制裁と再審請求の手続き（i）組合の最低資本金額と各人の当初払込金の

決定　（j）　出資金の払い戻しの権利および承継の制度　（k）　剰余金の分配基準、積立金にあてる最低割合　（l）　通常総会・臨時総会の召集の公告方法と時期、採決の規則　（m）　組合の管理を委任する機関の構造と執行体制　（n）　勧告委員会の構成と役割、必要に応じて人事委員会と組合評議会　（o）　解散する場合の理由

二　定款は内部規則によって改訂することができる。

**第三章**　バスク協同組合の登記所（略）

**第四章**　組合員

**第一九条**　組合員の資格

一　一次組合の組合員になることができるのは、本法第二編で定める事項を条件とする自然人と公的法人、私的法人である。

二次組合以上の協同組合については、第一二八条一項による。

一次組合は三人の組合員で設立でき、二次以上の組合は二つ以上の会員で設立できる。二次組合の会員の入会資格と投票権には後述の制限がある。

二　協同組合はその社会目的の実現に十分に活動はできないがその達成に協力することができる自然人と公的・私的法人を「協力組合員」（colaboradores）という資格のある組合員とすることができる。協力組合員の権利と義務は定款で定めるが、定款に規定のない事項については、役割分担の契約によって定める。協同組合以外の協力組合員は全体として、総会と理事会において議決権の三分の一以上をもつことができない。

三　公的法人が組合員となる条件は、その協同組合の目的が同様のサービスの提供である場合またはその団体に託された事業と関係のある活動を実施する場合で、公的権限を想定ないし行使しない場合に限られる。

**第二〇条**　加入

一　本法に定める組合員の条件の取得に必要な事項は定款で定める。

二　加入の承諾または拒否は、組合目的に関し

て恣意的または不法な差別理由によっておこなってはならない。

三　加入申請は文書に記入し、受理の日から六〇日以内に決定し、諾否の決定理由を明らかにしなければならない。期限を超えても決定通知がない場合は、加入を承諾したものとする。（以下略）

**第二一条**　従事組合員

一　協同労働ではない一次組合ならびに二次以上の組合においては、協同組合の労働者が労働組合員の資格を取得できる要件を定款で定めることができ、協同組合の事業活動を従業員の労働の提供と一致させるものとする。

二　従業員には、協同労働の協同組合の従事組合員のために本法が定める基準を、本条の留保条件つきで、適用することができる。

三　定款は協同組合の従業員の公正で均整のとれた参加のための基準を定めるものとする。

四　定款において従業員の試用期間を定める場合には、新組合員になるとき、試用期間を計算外の雇用労働として取扱ってはならない。試用期間と関係が一方的に決められたものであった場合には、試用期間の労働の法的関係は、本採用と同じ条件とする。

**第二二条**　組合員の義務

組合員には次の義務がある。

(a)　総会への出席

(b)　選任された職務は、免責のある場合を除き、受諾する。

(c)　協同組合の目的とする活動に参加する。定款で参加の最低基準を示し、また正当な理由のある場合に義務を解除する。

(d)　協同組合の発展と競合する活動をしない。

(e)　活動や資料の公開が協同組合について誤解を与えるおそれのあるときは秘密を守る。

(f)　出資金の拠出

(g)　総会の議決により損失の補填をおこなう。

(h)　法律と定款の規定によるその他の義務ならびに組合機関で適法に採択された議決に基づく

義務を実行する。

**第二三条**　組合員の権利

組合員には次の権利がある。

（a）協同組合の機関責任者を選挙する権利と選挙される権利

（b）総会その他の会議での決議にさいして提案と投票によって参加する権利

（c）協同組合のすべての活動に差別なく参加する権利

（d）権利の行使と義務の履行のために必要な情報を受ける権利

（e）正当な理由のある時、出資金の改訂と返却ならびに利子を受け取る権利

（f）協同組合からの脱退

（g）法律と定款に基づく権利

組合員の権利の行使は法律、定款および組合の集会で採択された有効な決議に基づくものでなければならない。

# 第五章　協同組合の機関

## 第一節　総会

**第三一条**　総会の概念と権能

一　総会は組合員の固有の権限に関する事項について決議をおこなうために設ける組合員の集会である。

二　すべての組合員は総会の決議に従わなければならない。

三　次の事項は総会の決議においてのみ採択される。

（a）理事、監理委員、清算人ならびに人事に関する異議の再審委員、組合評議委員の無記名投票による選任または解任および責任の追及

（b）監事の適法な選任および正当な理由のあるときの解任

（c）組合経営の審査、年次会計の承認、剰余金の配分、損失の補填

（d）新規の義務的拠出金、利子つき拠出金、加入金または定期収入

（e）債券、参加証券の発行
（f）定款の変更
（g）二次協同組合、協同会社、同様の団体の設立ならびに加入と脱退
（h）組合の合併、分割、転換および解散
（i）協同組合の経済構造、組織、機能の重大な修正を含むすべての決定
（j）組合の内規の承認もしくは修正
（k）法律が定める以外のすべての議決事項

四　総会は協同組合に関心のある事柄について論議することができる。しかし本法が組合の他の機関の権限外にあると見なす事項についてのみ義務を伴う決議をおこなうことができる。

五　法的拘束を伴う行為についての総会の議決は委任的性格を持つ。ただし本条の第三号（g）にいう協同組合の統合についての規定は除く。

**第三六条**　多数決制

一　総会の議決は有効投票数の過半数をもって採択される。白票、棄権は計算に入れない。法律、定款が過半数以上の議決条件を定める場合は除く。

二　協同組合の改革、合併、分割、解散の議決には、出席者と代理人を合わせた数が組合員の総投票数の七五パーセント以下の場合は、出席者または代理人の三分の二の多数が必要である。

## 第二節　協同組合の経営と代表

**第四〇条**　理事　性格と権限

一　理事は協同組合を経営し代表する唯一の機関であって、そのほか、法律と定款により組合の他の機関がおこなうことを明記していないすべての事項をおこなう権限をもつ。

二　定款が理事に与えた代表権は、定款の範囲外の事項については、第三者にたいしては無効であり、協同組合は誠実な第三者にたいしては義務を負う。

**第四一条**　理事の選挙

一　理事は各人が平等の権限をもつ理事会を構成する。組合員数が一〇名を超えないときは、定款で理事を一名とすることができる。

二　理事の一人は組合員でなければならない。定款で禁止の明記がなければ、理事会の理事数の四分の一は非組合員から選ぶことができる。

三　理事は、総会で無記名投票によって、有効票の多い順に選任される。

残りの理事については、定款に別の規定がなければ、地理的区域と活動分野を考慮して、総会でその数を割り当て、選任することができる。

四　法人の理事が選任される場合、その事業所の職務を執行する者が任命されなければならない。

五　理事の任命は受諾の日に有効となり、それから三〇日以内に協同組合の登記所に登記しなければならない。

六　理事会は、一人ないし数人の専務理事にたいして、文書によって、通常業務の執行権限だけの代理を委任することができる。そのさい代理人を協同組合登記所に登記しなければならない。同様に、理事会は誰にでも一つの権限を委任することができる。

**第四五条**　理事会の構成と更新

一　定款は理事会の構成を定め、理事は三名以下でないものとする。空席のある場合は、補充の人数と選挙と代理の制度を決める。

二　代表理事と専務理事は総会で選任することを定款で定めている場合以外は、理事会で理事のなかから選任する。

三　理事会は定款で同時更新をきめている場合以外は、部分的に更新する。

定款に別の定めがないときは、理事は何回でも再選されることができる。

四　理事会の構成については、状況に応じて、組合の地理的範囲や組合の発展に伴う活動、組合員の種類の違いと割合を勘案して定めることができる。

**第四六条**　理事会の職務

一　定款は理事会内部の職務を定める。定款に定めていない事項については、理事会で固有の職務を決めることができる。

二　理事会は理事長が召集し、出席者が構成員の過半数のときに成立する。理事会への出席は本人でなければならない。

三　決議は法律または定款に別の規定がない場合、一人一票で出席者の過半数で採択される。

次の事項の議決には出席者の三分の二以上の賛成が必要である。

（a）　事業本部または実質本部の閉鎖または移転

（b）　組合活動の縮小、拡大または修正

（c）　組合組織の重要事項の変更

（d）　協同組合であると否とにかかわらず、組合にとって恒久的価値のある協力をもたらす他団体との提携またはその終結

可否同数の場合、理事長が決定する。

四　理事会の決議は議事録に論議の内容、議決の文書、投票の結果を記載し、理事長と事務局長が署名する。

五　定款に別の規定のない場合、理事会は理事のなかから執行委員会または一人またはそれ以上の経営担当理事を指名することができる。

いかなる場合にも、総会への会計報告ならびに提出の責任および理事会によって与えられた権限は、正当な理由がない限り、他に委任することができない。

理事会のすべての権限を執行委員会または経営最高責任者へ委任することおよびその地位につく者の任命は、理事会の三分の二以上の賛成が必要であり、登記によって有効となる。

**第四七条**　理事の責任

一　理事は経営者としてまた誠実な代表者として職務を真摯に推進し、損失にたいしては無償の条件で、多かれ少なかれ、賠償しなければならない。秘密の性格を持つ資料については、事後も秘密を保持しなければならない。

二　理事は損害をおよぼす行為をおこないもしくはその決議を採択した場合、機関の全員で連帯責任を負うものとする。ただし、その議決の採択

または実行に関与しなかったこと、その議決の存在を知らなかったこと、知っていた場合は損害の回避にできる限りのことをしたこと、または少なくともあきらかに反対したことが証明される場合は、その責任を免れる。

三　理事の行為もしくは合意が総会によって損害を与えるものであることを決議あるいは承認ないし批准された場合、理事の責任は免除されない。

**第四八条**　理事に対する責任追及

一　協同組合においては、理事に対する組合員の責任追及の動議は、総会の議事日程になくても、総会の決議に先立ち、多数決によって採択されることができる。いかなる場合にも、総会はその動議の実行を容認もしくは棄却することができる。

二　動議の進行もしくは容認をする総会の議決によって、関係理事は自動的に辞任することになる。

三　協同組合が責任追及をおこなわないときには、議決から三カ月後に、いかなる組合員も訴訟を起こすことができる。

四　総会または組合員による訴訟がおこなわれないときは、損害の発生から六カ月が経過すれば、債権者組合員は協同組合財産の復元に関してのみ、訴訟を起こすことができる。

五　すべての事件において、訴訟は訴訟を起こしてから二年で時効になる。

六　前項の規定にかかわらず、直接被害を受けた組合員と第三者理事との間の訴訟の場合は除かれる。

**第四九条**　理事会の議決にたいする異議申し立て

一　協同組合の利害関係者は、理事会または執行委員会が法令または定款に違反した決議によって一人または多数の組合員または第三者の利益を損なうときは、異議を申し立てることができる。

二　理事会と監理委員会は無効および無効にできる議決にたいして、採択から六〇日以内に異議を申し立てることができる。

三　組合員は議決権の一〇パーセントの支持がある場合、無効な議決および無効にできる議決にたいして、採択から一年が経過しているときは、それを知ったときから六〇日以内に異議を申し立てることができる。

四　その異議申し立ては、議決にたいする異議申し立ての総会の規定によって有効となり処理されるものとする。

**第三節**　監理委員会

**第五〇条**　構成、権限、指名

一　定款により、三人を下回らない監理委員会の人数と補充要員を定め、行政官の権限と重複しない職務を定める。

組合員が一〇〇人以下のときは、監理委員会をおく義務はない。

二　定款において、監理委員会の機能について有名でプロとしての技術と経営の経験がある第三者を指名することを定めていない場合、組合員を委員とすることができる。ただし非組合員の委員の数は委員総数のおよそ半数を超えないものとする。

協同組合が正規雇用者を五〇人以上雇用する場合、すべての雇用者によって長期雇用者から代表が選任され、調整委員会の一人となる。

三　監理委員会の委員は総会で無記名投票による有効投票の過半数で選任または解任される。定款に別の定めがなければ、再任することができる。委員の責任、報酬、資格喪失、禁止事項、監理人としての登記は、現行法の規定による。

**第四節**　その他の機関

**第六章**　経済制度

**第五六条**　責任

一　組合員は組合の負債を返済する個人的責任はない。債務の返済の責任は、出資申込金の拠出額に限定される。

二　返済に充てる拠出金額が決まった時は、組合員は協同組合があらかじめ約束した負債以上に負担する責任はない。

**第五七条**　組合資本

一　協同組合の資本は、義務的あるいは任意的なものであるかにかかわらず、組合員の固有財産からの拠出によって構成される。

二　組合資本への出資は有価証券ではなく記名証券であって、参加者の名義は証券またはカードによって保障され、その増資と減資は組合員に帰属する。

三　出資は現金でおこなう。定款に定めのある場合または総会の決議のある場合には、現物または請求権によっておこなうことができる。後者の場合には、理事会は一人以上の独立した専門家を指名し、専門家の責任によっておこなった物件の性格と拠出価値とその計算に用いた基準についての報告を受けて、その価値を決めるものとする。ただし定款に規定がある場合には、理事会が決めた価額については総会の承認を受けなければならない。

四　第一次協同組合の組合員の各人の出資金額は、団体あるいは協同組合または協力組合員の場合を除いて、組合資本総額の三分の一を超えることができない。組合員の数が一〇人を超えない組合はこの制限によらない。

五　清算に際して他の出資者への返済が優先され、債権者団への返済の最後におかれる協同組合による受け取り金は劣後資本とみなす。

**第五八条**　組合資本への義務的拠出

一　組合員の地位を取得するための義務的拠出総額は定款によって定める。拠出額は本法に定める組合員のタイプ、身体的、法的差異、協同組合事業への適合性・利用可能性を考慮して相違を設けることができる。

二　株主の地位取得のための初期拠出額は予約総額の少なくとも二五パーセントとする。残額は内規または総会によって決められた最大四年の期限内に支払うものとする。

三　協同組合の損失の組合員負担額または組合資本の拠出を定めた経済的規定額については、定款が指定する額とし、定款に指定がない場合、総会が指定する額より少ない場合には、直ちに必要額を拠出しなければならない。この拠出は定款が定める期間内に、その規定がない場合には、総会の請求から一年以内におこなわなければならない。

四　総会は毎年度、義務的拠出金額を定める。新組合員は新しい義務的拠出の要求に同意するものとする。その拠出額は第一項に定める基準によってそれぞれの組合員に差異を設けることができ、支払時期と条件については、組合員の義務的増資の負担を適正に軽減することができる。

任意拠出は新義務的拠出を補填するためにおこなうことができる。

五　拠出金を支払うことができない組合員は、前項の規定のもとで、協同組合に定款に規定する利子と支払い不足額を補填しなければならない。支払い要求から六〇日以内に組合員の地位を正常化しない組合員には、次の措置をとる。

（a）　義務的拠出の場合、加入のための初期義務的拠出額または第三項の最低額を支払う。

（b）　それができない場合には、協同組合から脱退する。

**第六〇条**　拠出金の利子

一　拠出金に総会であらかじめ定めた利子をつけることができる。

二　利子は法定利子プラス六ポイントを超えてはならない。

三　拠出金への報酬は純収益または自由に処分できる内部留保金の状態による。

**第六一条**　拠出金の改訂

一　協同組合の収支は、その調整の結果、剰余金が増加した場合、本法が設定した目的に基づき、持ち株集団のために、その年度において予想収益を調整することができる。

二　協同組合はこの剰余金の増加を、一定以上の事業年度において、増資または義務的あるいは任意の積立金への積み増しとして、適当な割合で割り振ることができる。しかし、協同組合に補填されていない損失がある時は、まず損失の補塡に充て、前項の目的を果たすものとする。

**第六二条**　拠出金の譲渡

拠出金は次の場合に譲渡することができる。

一　組合員間および加入から三カ月後および定款で定める期間の組合員の間の引き受けによる。

二　死亡による場合、すなわち組合員とその承継人が申請する場合、または組合員の死亡から三カ月後に、第二〇条の規定により加入予定者の申請による。

**第七章**　組合文書と会計（略）

**第八章**　組合定款の改正（略）

**第九章**　協同組合の合併と分割

**第七六条**　合併の方式と効果

一　協同組合は種々の協同組合の合併によって、単一の協同組合になりまたは他の既存の協同組合に吸収されることによって合併することができる。

二　合併または吸収により新しい組合になる協同組合は、清算に入ることなく、その財産を新組合または吸収する協同組合に一括して引き渡し、権利と義務を解消する。

三　合併の結果として消滅する協同組合の義務的基金はすべて、新しい組合または吸収する協同組合に統合される。

**第八四条**　協同組合の分離分割

一　協同組合は次の方法で分割することができる。

（a）　解散に際して清算することなく、協同組合の組合員と財産を二つ以上の部分に分割し、新たに創立または吸収する既存の協同組合にそれを一括して、個別に引き渡す。

（b）　解散することなく、協同組合の財産と組合員を二つ以上の部分に分離し、新たに創立または吸収する二つ以上の協同組合に、分離財産を一括移転するとともに組合員を引き渡す。

二　参加する協同組合の理事会が署名する分割計画には、新設または吸収する協同組合へ移転する財産と組合員の詳細な提案が含まれなければならない。

三　一つの協同組合が引き受けた分割債務の返済を実行できない場合、他の協同組合がそれぞれの分割資産をもって連帯して返済する。もし分割される組合が存続しているときは、この協同組合は債務全額の返済の責任を負う。

四　協同組合の分割は、前項の例外のある場合、適用できる合併の規則に従うものとし、参加する協同組合の組合員と債権者は同様の権利を行使することができる。

**第一〇章**　転換（略）

**第一一章**　解散と清算

**第九四条**　組合資産の配分

一　共有財産は、負債を完済して預金または有効期限内の担保付き貸付金となったあと、割り当てまたは配分できる。

二　残余資産は、以下の順序で授与することができる。

（a）協同組合教育、振興、その他の公的目的のためにバスク協同組合上級評議会に拠出する。

（b）新規投資または現在評価による義務的継続投資額に振り向ける。

（c）任意積立金に参加する協力組合員への支払い（略）

（d）義務的積立金と協同組合の清算金の残余は、二次以上の組合のための第一三二条による処分を除き、バスク協同組合上級評議会に拠出することができる。

**第二編**　特殊規定

**第一章**　協同組合の種類

**第一節**　共通規則

**第九八条**　分類と適用される規制

一　協同組合は本章で取り扱ういずれかの種類によって組織することができる。この分類は、協同組合の活動と法的地位を明確にするならば、他の協同組合の法的形態を自由に選択することを妨げるものではない。組合員は登記内容と規則が自分にもっともふさわしい種類の組合に参加するものとする。

二　協同組合の種類または形態の法的定義が二次組合の構成の妨げとなるのは、組合員が自然人であることが、必然的かつ多数である種類の組合の場合に限られる。

三　各協同組合は、本法による協同組合原則に準拠することはもとより、それぞれの種類に適しかつ総則ですべてにわたることのできない事項の特別規則に従うものとする。

## 第二節　協同労働の協同組合

**第九九条**　対象と総則

一　協同労働の協同組合は、労働によって第三者のために生産物やサービスを提供する経済事業や職業に従事する個人が共同経営をする協同組合である。

二　合法的に労働提供契約を結ぶことを希望する者は従事組合員となることができる。外国人はスペイン国法の労働許可と適合すれば従事組合員となることができる。

三　従事組合員の資格の喪失によってこの組合で働くことが停止される。

四　雇用労働者の年間労働時間は組合員の年間労働時間の二五パーセントを超えてはならない。次の事項はこの計算から除外する。

（a）　職場での準備労働時間と通勤時間

（b）　他人によって代替される時間

（c）　休暇、一時的故障、出産などの事情による休業を組合員や雇用労働者が代行した時間

（d）　従事組合員の資格を失っていた労働時間

以上の規定にかかわらず、従事組合員が八人未満の労働者協同組合では、雇用労働者を最大二人まで雇うことができる。

五　雇用される者が組合員の資格を得る手続きは定款で定める。不定期契約で一年以上協同組合で働く者は、その他の要件が満たされる場合、権利の発生から一二カ月以内に請求すれば、試用期間なく、組合員として認められる。

雇用される者で組合員となる権利のない者または権利を行使できない期間の者は、定款の規定により、同一職種の組合員の二五パーセントを下回らない率か同率で、剰余金の配分にあずかることができる。剰余金の配分の性格は第六七条五項（給与とその補填）による。

六　従事組合員は最低賃金を受け取る権利がある。

七　労働者協同組合の職場と個人に労働の安全基準と衛生基準を適用する。

一八歳未満の組合員と雇用労働者には夜間労働や危険労働を禁止する。

八　社会保障に関しては、組合員は自営業か雇用労働者かいずれか一つを定款において選択する。

**第一〇〇条**　試用期間

一　定款によって組合員として承認する条件として試用期間を定めることができる。

試用期間は六カ月を超えてはならない。ただし、理事会が定める職種においては、定款によって総会に試用期間を決める権限を賦与しない限り、特殊な職務の試用期間は一八カ月まで引き上げることができる。引き上げ対象となる職務の数は、全職務の数の二〇パーセントを超えてはならない。

二　試用期間中の協力組合員は、以下の性格の他の組合員と同等の権利と義務を負うものとする。

（a）　協同組合との関係を一方的に自由に解消できる。これは協同組合の理事の場合においても認められる。

（b）　協同組合の機関の一員に選任されることができない。

（c）　出資金を拠出する義務がなく、入会金を支払う義務もない。

（d）　雇用者に認められる給与を受ける権利は別として、試用期間中は協同組合に発生する損失を補填する義務がなく、また組合の収益の還元に与ることもない。

**第一〇一条**　就労規則

一　従事組合員の労働規則の基本的枠組みは定

款によって、定款がない場合には総会によって定める。

二　前項の規則として、労働組織、一日の労働時間、週休、祝祭日、バカンス、賜暇、職種、職務による移動または地理的事情による移動、休暇願、その他の理由による協同組合との関係の停止または延長、および一般的に労働提供によって派生する権利と義務に直接的に結びつく事項を定めることができる。

**第一〇二条**　罰則

一　定款、内規によって、それがない場合は総会によって、従事組合員の基本的懲罰の枠組みを定めることができる。

二　罰則には、労働提供、認可、認可の代表的権限をもつ機関と人物、訴訟手続き、異議申し立て、期限の記載のある認可手続きにおいて生じるおそれのある瑕疵の種類を定める。

三　従事組合員を除籍できるのは、理事会の同意のある場合にかぎる。理事会の決定にたいして、組合員はその通告から五日以内に再審委員会に、それがない場合は総会の前に、再審請求をすることができる。除籍の承認は、関係機関の同意によって有効となるが、再審請求の期限内においては、協同組合は従事組合員の以前の雇用の権利を暫定的に継続する。

**第一〇三条**　生産におけるまたは不可抗力による経済的、技術的、組織的理由による停職または強制的退職

一　協同労働の協同組合は、生産におけるまたは不可効力による経済的、技術的、組織的障害が起きた場合には、労働者組合員の労働提供にたいして、その他の義務と権利を保障しつつ、前項の経済的義務と権利を一時的に停止することができる。

そのため総会は、前述の原因によって、組合員の労働を全体的、部分的に停止する必要性を、停止期間、該当者の指名を示して、宣告しなければならない。

停止が終了する時は、労働者組合員の権利と義務は直ちに回復する。

二　生産におけるまたはやむをえない不可抗力による経済的、技術的、組織的な重大な障害が発生し、組合の経済的存続を維持するために労働の全職場または特定の専門職グループを整理する場合には、総会は整理の対象となる組合員の人数と氏名を決定しなければならない。この場合、整理にはそれに伴う当然の義務のあることを考慮し、休職者には出資金の払い戻しを受ける権利を保障し、その後二年以内に類似の内容の新しい職に就くか選択する権利を保有するものとする。

**第一〇四条**　訴訟

協同労働の協同組合と組合員との間の労働条件に関する訴訟は社会秩序裁判所が審理する。

結果として、協同組合と他の協同組合との間の紛争は市民秩序裁判所が審理する。

実際、協同労働の協同組合と組合員との間に限っての典型的訴訟問題は、労働賃金、補給手当金、本人の請求できる支払い金、組合員労働の規準違反による制裁（除名を含む）の救済、労働の停止と延長の問題、社会保障の問題、雇用労働者と正規組合員との待遇格差の改善、全般的に協同労働の協同組合の内部基準から派生する権利と義務に関するものである。

## 第三節　消費協同組合

**第一〇五条**　目的と社会的機能

一　消費協同組合の目的は、利用と消費のための消費財またはサービスを提供し、組合員とその同居家族の消費者または利用者としての適正な権利と利益を守り増進することである。最終受益者である自然人、団体および組織は、この協同組合の組合員となることができる。

二　消費協同組合は定款で定めた地域のなかで、非組合員の個人と団体に福祉とサービスの提供をおこなうことができる。

## 第四節　教育協同組合（略）

## 第五節　農業協同組合

**第一〇九条**　目的と事業

一　農業協同組合は農業、林業、畜産、それらの混合農業の経営者が組織する協同組合で、生産物の販売、生活資材と器具とサービスの供給をおこない、大多数の組合員にたいする指導をおこなう組合である。指導は関係する地域と経済的社会的業種の範囲で、協同組合固有の問題および農村生活について、組合員を啓発することを目的とする。組合員の資格の取得と保全のために、これらの社会目的に応じた事業を組合だけがおこなうことを、定款の合意事項として定めることができる。

二　この目的の遂行のために、農業協同組合は固有の事業のほかに、協同組合の経済、技術、労働、エコロジーおよび社会的事業、組合員の経営改善、農村の諸条件の改善をおこなう補助的手段の発展に努めることを定款に規定することができる。

**第一一〇条**　第三者との取引

一　農業協同組合は多部門ないし特殊的な組織であって、消費者との直結を含む販売活動をもって、以下の場合には協同組合または組合員の生産によらない農産物をもって、その事業と関連事業を発展させることができる。

（a）　協同組合が第三者の農産物を使用する事業の量は、各経済事業年度ごとに五パーセントまでとする。

（b）　定款に定めれば、最大四〇パーセントまで可能である。

（c）　協同組合に責任のない状況においては、本法第五条に規定した権限の限度を超えることができる。

二　農業協同組合は組合または組合員のための供給事業について、通常の事業余力をもって取り扱う場合には、第三者に上記のaとbの限界内またはそれに等しいと推定される程度まで、生産物またはサービスを供給することができる。

**第六節**　共同体づくりの協同組合

**第一一一条**　目的と範囲

一　この協同組合は農業開発可能な資産の使用収益の権利を持つ人がその権利を譲渡し、その事業体で働くことを希望する人々のつくる組合である。この組合は自分たちの資産を統合して単一の企業ないし農業経営体を創設し運営するための共同所有地または生産手段に変える目的を持ってつくることができる協同組合である。この協同組合は社会的目的の達成をめざす事業を発展させ、農産物の取得を目的とする貢献および農産物の集荷、流通および関連事業としての材料、機能、処理についての経営体の創設と完成のための準備の作業、一般的に農業固有の仕事のほかに事前準備、補足事業、事後処理の仕事をおこなう。

二　第三者が提供する生産物の販売をおこなう協同組合の事業は農業協同組合の現行法の規定によって規制される。雇用契約の労働者の人数はこの協同組合の従事組合員数の三〇パーセントを超えないものとする。

三　この協同組合の地理的範囲は従事組合員が常時事業に従事することができ、そのなかに事業用の不動産の大部分が立地する区域である。

**第一一二条**　組合員の制度

一　従事労働者と譲渡財産の使用収益権者の二重の組合員資格が一時的にある場合の議決権は一票を超えないものとする。

二　この協同組合の従事組合員には、協同労働の協同組合の従事組合員の規定を適用する。

三　定款において資産の譲渡により組合員となることのできる期限を十五年とする。組合員の権利の譲渡においても同様とする。

四　借地人、その他使用権のある者は、契約期限内で権利を譲渡できる。ただし立ち入り禁止または解除の条件のある場合を除く。

**第一一三条**　経済の仕組み

一　組合資本となる財産、現金または現物の提供と労働、サービス、技術の提供とを区別する。

二　財産使用の譲渡による賃借料および前払い給与はこの地域の通常の賃借料および給与報酬の

水準とする。分配金は前払い労賃と譲渡財産の賃借料に比例して支給することが認められる。

三　損失補償の基準を適用して、組合員に定期的積立金を課すものとし、定款または総会の決定により、従事組合員には地域の同種労働賃金のすくなくとも七〇パーセントを支給し、それを下回る場合は最低賃金を支給する。

四　この協同組合で従事組合員は、社会保障に関しては雇用労働者と同一とみなす。

五　共同体づくりに利用できる財産の評価の手続きを定款で決め、担保価値と共同体づくり計画に重大な影響を及ぼす仕事、改修、用役権の設定を規制する。

**第七節**　住宅協同組合（略）

**第八節**　金融協同組合

**第一一九条**　信用組合

一　信用組合は組合員の資金の受給に必要なサービスを提供することを社会目的とし、また第三者にも、一般的営業として認められる信用企業の固有の事業とサービスの実施を通じて、同様の活動をおこなうことができる。

二　信用組合は、定款と事業において、農村および農村住民に選択的サービスをおこなう信用協同組合としての農村金庫の表現を用いることができる。

三　本条に定める営業の条件、構造、機能および活動は、信用協同組合の規則ならびに信用機関の法律に従うものとする。

四　バスク政府の財務金融省は、現行法によって、信用組合についての提案、規制、情報、統計、検査および監督の機能を実施する。

**第一二〇条**　共済組合

一　共済組合は組合員の保険活動の実施を目的とする協同組合であって、固定保険料、可変保険料またはそれに付随する事項をおこなう企業として組織され事業を営むことができる。

二　この協同組合は民間保険企業としての基本的基準およびバスク自治州が現行法の追補的性格

をもつと認める事業規則に従うものとする。

## 第九節　保健協同組合

**第一二一条**　保健協同組合

一　保健協同組合は組合員または保険契約者と保健受益者の健康のリスクを保護する事業をおこなう協同組合である。

二　この協同組合が前項の事業を目的とするときは、固定保険料の保険協同組合の基準を適用する。

三　この協同組合が他の被保険者の保健のために、保健のプロおよび非医療者と共同して事業を経営するときは、協同労働の保険協同組合に準じる規制基準を適用する。

**第一二二条**　保健施設協同組合

この協同組合は本法の目的に沿って、個人および法人が組合員とその家族、また適当な場合にはその従業員の保健のために、病院、診療所または類似施設を設立し、設備し、維持管理し、経営する保健協同組合である。これらの協同組合の設立には、病院および消費協同組合に適用する規制のほか、いかなる場合にも、提供するサービスならびに営業部門の専門性についての規制が適用される。

## 第一〇節　サービス協同組合

**第一二三条**　職業的サービス協同組合

一　職業的サービス協同組合とは、自分で活動を展開する職人、専門家、芸術家が形成し、経済的、技術的、労働的、環境保全的、組織的、機能的部面で生活用品、サービス、労務を提供しあるいは組合員の活動を円滑にし、保障し、補足する仕事を実現する協同組合である。

二　組合員が自由業あるいは芸術家である場合にも、本法に規定する協同組合の形成は、それぞれの職業に適用される規則による事業または仕事の実施と責任には関係のないものとする。

**第一二四条**　サービス企業の協同組合

一　サービス企業の協同組合は、前条第一項の協同組合に類似するものであって、漁業、工業、商業、サービス業の部門の個人企業または会社が企業の機能、組合経営の活動または成果を促進し、保証し、補足するために組合の法的形態をとるものである。

二　財産または権利の共同所有団体および法人格のない他の組織が、権利と義務の職能を中央に集中し、協同組合の代表を任命している場合には、前項の規定に準ずることができる。

三　関連する協同組合についての現行法の規定にかかわらず、貨物または旅客の輸送サービスを提供する技能のある人々は、本条の保護のもとに、運輸部門の法律のこの企業に認められるすべての機能を担う運輸協同組合を設立することができる。

**第一二五条**　学術・美術、教育等の協会サービス協同組合

会社、公的団体、労働組合すべての種類の組合は、その会員の制度的自主性と特殊性に影響を及ぼすことなく、組織と機能の問題または必要事項を平等に解決するために、この種類の協同組合を設立することができる。

## 第一一節　社会的統合協同組合

**第一二七条**　主題と方式

一　社会的統合協同組合は身体または精神的障害者がすくなくとも過半数をもって構成し、組合員による生産の組織化、分配、販売、労働サービスの提供と一般的、特殊な消費サービスと福祉の提供のための施設を管理運営する。

二　社会的サービスを提供する責任のある公共団体は、その代表の出資と任命によって、組合員として参加することができる。その代表者は組合員に適切な専門的技術支援をおこなう労働者を派遣し、すべての社会的団体の集会に出席して意見を述べることができる。

# 第二章　協同組合の統合とグループ化

## 第一節　二次段階とそれより上の段階の協同組合

**第一二八条**　目的と性格

一　二次協同組合およびそれより上の段階の協

同組合は、会員とその集団が定款で定める範囲の経済事業を補足、振興、改革、統合することを目的とする。

定款にその目的を推進し実施するうえで必須の権限を列挙するものとし、その権限は統合団体の機関に移管するまでは、前の組合が保有するものとする。

企業統合のために新協同組が設立されたときは、統合事業の範囲および集団が一体となって経営するための基準と性格を定款に定める。

二　定款はそのほか、母体となる団体の提案が二次協同組合とそれ以上の段階の協同組合を拘束しないように内容と範囲を抽象的なものにする。その目的に直接的に関係するすべての権限が移譲されることに疑義がある場合には、会員となるいずれの団体も意思決定の前にその旨を述べるものとする。

**第一二九条**　会員の資格、加入と脱退

一　下位の段階の協同組合と従事組合員のほかに、定款に禁止の定めがなく、利益と必要性が一致する公的団体、民間団体と法人は、完全な権利のある会員となることができる。この会員資格の付与は、いかなる場合においても、二次以上の協同組合の議決の過半数を占めるためのものであってはならない。定款でその限度をより少なく設定することができる。ただし、このような協同組合は、本法第一九条二項（協力組合員）の規定により加入が認められる。

二　法人の加入は、定款に別の規定がある場合を除いて、理事会の出席者および代理人の少なくとも三分の二以上の賛成を必要とする。また定款において二年間の試用期間と規定を調整し、加入の決定を総会にゆだねることができる。

三　脱退を希望する法人会員は受理されるまで、理事会の免除のある場合以外は、最低一年前に通告し、脱退が有効となるまで、二次組合以上の組合との理事会の決める契約義務を履行しなければならない。また契約についての定款の規定がある

場合を除いて、脱退する団体は脱退日の前に合意した約束を最低二年間は履行する義務を負う。

**第一三一条**　機関の構造と議決権

一　総会は各組合の会員の議決権数に比例する数の法人会員の代表と従事労働者の代表によって構成する。事業部面での議決権は、事業への参加の度合または組合員の数に比例するものとする。協同組合でない企業の議決権の数は、構成員が四人以下の企業を除く総数の三分の一を超えないものとする。

二　二次以上の段階の協同組合は、定款で別の規定がなければ、会員企業を直接的または間接的に代表する最大限一五人の会員が構成する理事会で運営する。もし一五人を超える場合には、議決権の少ない組合は定款または内規に従って、その代表選任数を調整するものとする。理事会での議決権は協同組合事業への参加または理事が代表する事業体の組合員数に比例するものとする。

定款に定めれば、理事選挙において、理事会メンバーの三分の一までグループの会員でないものの中から選任することができる。

**第一三二条**　清算

二次以上の組合の清算を伴う解散の場合には、残余資産は過去五年間もしくは五年以内の継続期間の受け取り分配金に比例して、その会員に配分される。欠損金のある場合は、協同組合活動への各会員の参加に比例して、または参加グループの人数に比例して配分される。

## 第二節　経済的協力の他の方式

**第一三四条**　企業グループ

一　前章の統合の形態とは別に、すべての種類と段階の協同組合は、協同組合同士または他の民間公的団体と協力し、共同出資、アソシエーション、協会、合同企業の形をとることができる。

二　協同組合は社会秩序の実現、発展および保障のために、前節の法人の株を所有することができる。

三　本法に規定した事業をおこなう信用組合と

共済組合は、適用規則を遵守することを最優先におこなうものとする。

**第一三五条**　協同組合会社

一　協同組合会社とは、主として単位協同組合および二次またはそれ以上の段階の協同組合が構成する事業集団で、会社の政策の決定とその管理をおこない、その場合には組合員活動の戦略的計画ならびに資源管理と共通事業の経営をおこなうものをいう。

二　運営委員会と管理機関のなかに母体団体の会員でない一人または数人の指導に当たる者を配置することを定款で定める。

三　運営委員会は労働社会保障局が想定する職務をおこない、加入と脱退の承認および規律を適用する権限を保有する。また委員会は前項の規定に応じて、法で定める基準の臨時的執行者となることができる。

四　理事会は協同組合会社の経営と管理にあたり第三者にたいする責任を負う。

五　本条に定める規定は二次以上の協同組合に適用しない。

**第一三六条**　混合協同組合

一　混合協同組合とは総会において株式市場規制法による証券価値または登記の出資金額に応じて、排他的または選択的に、議決権を行使できる少数者がいる協同組合をいう。

二　混合協同組合においては、総会における議決権は次の配分による。

（a）　議決権の少なくとも五一パーセントは、定款の定める配分において、組合員に帰属する。

（b）　法定の議決権の最大割当率である四九パーセントについては、定款の定めのある場合に限り、市場で自由に売買することができる。

三　議決権のある組合員については、出資者としての権利と義務は定款によって、株式に関しては会社法によって定める。

四　協力組合員の二つのグループが剰余金の分配に参加する場合、各自の配分額は、利益または損失にかかわらず、第二項の二つの議決権の合計を一つとする各自の配分による。

議決権のある協力組合員に帰属する剰余金は、支払い済み出資金額の割合による。

その他の組合員に帰属する剰余金は、この協同組合法の一般的基準によって配分される。

五 二つの協力組合員グループのいずれかひとつの権利と義務に影響する自己修正が有効となるには、他の関係グループの多数の同意が必要である。その同意は通常総会または特別委員会または分科会の議決によって決めることができる。

六 これらの協同組合が組織され、成立し、または変更される場合には、バスク協同組合上級評議会は第四項に定める特定基準により、また本法第九四条に定める追加規定により、清算の場合の義務的積立基金の分配の規定を適用することができる。

## 第三編 協同組合と行政

**第一三七条** 社会的利益

一 バスク自治州政府は、協同組合およびその経営と代表の統合体を振興し、奨励、発展させることが社会的利益に叶うものと認識する。

そのため政府は公的サービスの発展と改善のために、この目的をもつ協同組合の創設を奨励する。

バスク政府は、バスク協同組合上級評議会に協力を求め、とくに新規雇用の創出と中小企業の問題の解決について協同組合システムが対応できるという情報を発信するとともに、多様な組合員にこれをわからせるための訓練と指導の事業開発を奨励する。

二 協同組合事業の発展によってバスク全体の利益の増進に貢献する組合が、バスク政府の法律に定める手続き、制度と必要条件に一致する協同組合の資格と認める。

三 バスク政府は協同組合制度に関しては労働社会保障省が取り扱い、その適用に関する個別法の実施に関しては他の部局が担当する。

**第一三八条**　振興の特別方策

一　協同組合は財務評価によってではなく、それぞれにふさわしい価格または料金を適用することによって卸売りの資格を保有することができ、分配または販売において小売りの資格を取得することができる。

二　協同組合が組合員にたいしておこなう物品の引き渡しとサービスの提供を、社会目的の遂行のために自己生産ないし第三者から購入したとしても、販売とはみなさない。

三　事業を集中集積する協同組合は、法律に定める法人形態を採ることにより、経営の集中集積に関する法律が与えるすべての便益を受ける。

四　協同労働の協同組合とその二次以上の組合は、バスク公共行政機関によって召集され、その団体が工事、サービス、供給の実施に従事する競争入札において同数の場合に落札の優先権を持つ。

五　消費協同組合は本条第一項の卸売りの規定にかかわらず、その活動の発展のために必要な生産物またはサービスの第三者への供給または第三者からの供給を直接おこなう消費者の資格をもつ。

六　農業協同組合および二次組合以上の協同組合がおこなう生産物あるいは機材の供給の営業のすべては、第三者による場合を含めて、常に組合員向けの営業に限り、一次加工の事業の性格をもつ組合内部の事業とみなす。

七　住宅協同組合は社会的目的の推進のために、直接有料取得の制度によって、公共用地を取得することができる。

**第一三九条**　検査と違反

一　現行法の実施に伴う検査機能の固有の権限はバスク州政府の労働社会保障省にある。しかし、本法一四四条二項第二パラグラフに述べる連合会に必要な場合に限定しておこない、通常はバスク協同組合総連合が会員に関する検査機能を実施する。

二　本法及びその適用と発展の不履行を引き起こす行為と怠慢の責任の主体は、理事、指導の職務にある者、監査委員会のメンバーおよび不履行者本人、同じく協同組合にもある。

三　極めて重大な違反は以下の事項である。

（a）本法に指定する剰余金処分の最小割合を法定準備金、教育および協同組合推進基金に充てないことならびに本法の規定に違反して損失を計上すること。

（b）教育・協同組合振興基金を設けないこと。

（c）社会的義務基金または本法に違反した清算によって生まれた清算金を組合員に分配すること。

（d）本法が認定する協同組合原則にたいする違反またはこの団体の目的とは関係のないことをするために協同組合の形式を利用すること。

（e）本法に定める制限を超えて雇用労働者を雇うこと、同様に本法に定める第三者との取引の限度を超えること。

（f）年次会計の監査を本法で想定している外部監査に委託しないこと。

四　重大違反は以下のとおりである。

（a）登記義務のある企業、組合、事業体のための商法二四条第一パラグラフの義務を遵守しないこと。

（b）年次予算・決算の総会の承認、第七一条三項に定める記録を登記所に配布しないこと。

c、d、e、f（略）

五　本条の三、四に該当しないその他の違反は軽微な違反と認められる。

**第一四〇条**　罰則

一　軽微な違反は五万ないし一〇万ペセタ、重大な違反は一〇万一ないし五〇万ペセタ、もっとも重大な違反は五〇万一ないし五〇〇万ペセタの罰金または協同組合の資格を停止する。

二　違反の軽微、重大、もっとも重大かの区分は、その重要性と経済的、社会的影響に応じて、不祥事の偶発性、不誠実または常習性　協同組合の経済規模または事業量により、最小、中位、最大の区分による罰則を適用する。

**第一四一条**　協同組合の資格喪失
一　協同組合の資格喪失の原因となる事項
（a）　経済的社会的に重要な損害を及ぼしまたはそのおそれのある極めて重大な違反として前条に列挙した違反および協同組合原則の本質部分にたいして繰り返される違反。
（b）　一般的に、これらの理由が無効である場合を除き、協同組合の資格の必要条件の喪失ないし停止。
二　以下略

**第一四二条**　協同組合にたいする臨時介入
一　協同組合の乱脈事態の結果として、組合員と第三者の利益を大きく損なうことをさけるために緊急行動をとる正当な条件のある場合には、協同組合または利害関係者の要請により、労働社会保障省は事前にバスク協同組合最高審議会に通知し、次の措置をとる。
（a）　総会を招集する権限のある一人以上の監理人を指名し、その日に指示と責任者の選任をおこなう。
（b）　協同組合の機関を管理する一人以上の監理人を指名し、その協同組合の合意事項を取り消し、監理人の承認しない権限を無効にする。
（c）　協同組合の経営者の活動を一時保留し、その機能をおこなう一人以上の臨時経営者を選任する。
二　協同組合上級評議会の指示通知を一五日以内に発行し、事業からの撤退に移行する。

**第四編**　協同組合の連合

**第一章**　協同組合連合会

**第一四三条**　原理
一　すべての協同組合の利益を保護し増進するために、結社の権利を保障する法律に基づき、ユニオン（合同）、連合、総連合、その他いかなる形態の結社であっても、自由に自主的に組織することができる。
二　協同組合、そのユニオン、連合および総連合およびバスク協同組合上級評議会は一体として、バスク自治州の協同組合運動を構成する。

バスク自治州の政府は、協同組合間の連携とともに協同組合の結合を形成するために必要な方策を採用し、またバスク自治州における協同組合の全国調査の技術的な点検、実施、整理の事業を推進する。

**第一四四条**　協同組合のユニオン、連合、総連合

一　経済事業の同一部門の二つ以上の協同組合はユニオンを構成することができる。

二　同じ種類の協同組合でバスク州に登録し住所のある者は、その同士間でユニオンと連合をつくることができる。連合の会員の事業が登記した協同組合の事業の四〇パーセントを超える時または同じく連合の組合数が全体の四〇パーセントを超える時は、バスクの名称をつけなければならない。

三　連合は総連合を構成する。総連合グループがバスクに登記した連合の六〇パーセント以上を超える時は、バスク協同組合総連合を名乗るものとする。

四　ユニオン、連合、総連合は以下の事項をおこなう。

（a）　定款で定める会員の代表。

（b）　会員間または会員とその組合員との紛争の調停。

（c）　助言活動、法律相談、会計事務、組合員の利便の提供。

（d）　協同組合の振興と協同組合教育。

（e）　登記組合のセンサスの実施と整理について登記係との共同作業。

（f）　その他の類似事項。

五　法人格と業務資格のために、本法によって設立されたユニオン、連合、総連合は、発起人によって、次の内容の証明書を協同組合登記所に届けなければならない。

（a）　発起人の関係

（b） 団体設立の合意証明書
（c） 責任機関の構成と団体の管理
（d） 労働社会保障中央省庁とその協同組合登記所がそのほかに同名の団体がないことの証明
（e） 定款の記載事項
①団体名
②住所、地理的範囲と機能
③代表、管理、機能の機関ならびにその選任方法
④連合団体の資格の取得と喪失のための要件と手続ならびに定款の改訂、合併、分割の規則
⑤団体の経済体制、性格の確立、財源の源泉と使途ならびに会員に経済状況を知らせる方法
⑥本条で組合として登記する性格のない団体についての協同組合登記所の処置

## 第二章 バスク協同組合上級評議会

**第一四五条** 性格、構成と機能

一 バスク協同組合上級評議会は、協同組合思想の推進と普及の最大機関として構成され、協同組合思想に関するすべての課題についてバスク政府の諮問に応じて助言する公的団体として設立される。

二 バスク協同組合上級評議会は以下のことをおこなう。

（a） 協同組合運動の原理の普及、協同組合を発展させる事業の研究、計画と実践の促進と協力、協同組合の教育と協同組合づくりの推進。

（b） 協同組合またはその組織に直接的に影響のある法的規定と規則のプロジェクトについての情報提供ならびにその資料についての調査、提案と記録。

（c） 現行法規、特に協同組合原則の普及と適用に関する行政当局との協同作業。

（d） 協同組合の連合化にともなう単協の共通利益に役立つ事業の組織化。

（e） バスク自治州の社会経済的整備のための法制度の改善への協力と、それを成功させる団体または組織への参加。

（f）　協同組合相互の間または協同組合と組合員の間および組合員同士の間で起きる訴訟問題において、両者が仲裁を望むかあるいは定款、調停規則に基づいて仲裁が必要な時、仲裁によっておこなう介入。そのすべての場合、紛争問題については、当事者が法律によって自由に利用できる資料に基づき、基本的に協同組合原則、規範、慣習、協同組合の性質の利用による解釈と適用をしなければならない。

（g）　現行法が委任する事項。

三　バスク協同組合上級評議会は、協同組合、政府、バスクの大学の代表者によって構成する。

四　バスク協同組合上級評議会の機関、構造、構成、機能、選任制度、代表者および事務局長、職員の権限は規則で定める。

五　バスク協同組合上級評議会の経済、財政は自主性を原則として、次の予算を承認し実施する。

（a）　バスク自治州の一般会計に割り当てられる金額

（b）　第九四条二項のａ、ｄに規定する金額

（c）　協同組合運動の拠出金

（d）　協同組合運動の活動と財産の収益

（e）　法的承認がある収入または公的、私的報酬または収益の名義による収入

（訳者／石見　尚）

# あとがき

この本は私の協同組合研究六十年の集大成を試みたものである。

今回とくに注意を払った事項は、協同組合と国家の関係についてである。この二つのセクターの関係については、私はかつて必要に応じて言及してきた。しかしそれは、歴史的な個別の局面についてであった。たとえば、協同思想に足場を置いたと言われる元総理、三木武夫については「協同党―その発足から消滅まで―」（雑誌『地上』一九六九年四月）で論評した。ソ連における労働者国家の変質については『協同組合新論』（家の光協会、一九七七年）において取り上げ、また第二次大戦前の日本の発展の原動力となった農本主義的協同組合思想と第二次大戦との関係については、『農協』（日本経済評論社、一九八六年）で取り上げた。しかし近代社会思想史の一翼をなす協同組合主義者の国家の理念一般については、本格的に言及してこなかった。

協同組合と国家との関係に根本的に言及する必要を感じたのは、A・F・レイドローの協同組合セクター論と協同組合コミュニティ論に接した時である。古来、協同組合主義者の国家理念はそれぞれの個人によって違いはあるけれども、共通していることは国家権力をみずから掌握することに無欲であることである。けれどもその無関心は無政府主義の主張する絶対否定ではなく、漠然とした何らかの社会秩序を想定しているようである。「ユートピア（空想的）社会主義」と評される所以である。これをどう理解するかが問題である。この本を書くにあたって、私はこう解釈した。すなわち協同組合主義の国家においては、権力は協同組合のなかに組織モラルないし暗黙の秩序として内在的に形成されるものであるけれども、それは必ず組織から相対的に外在化して組織自体を規制する力となるという点である。協同組合主義者にとっては、社会に君臨する絶対的権力は認められないし、また大衆のなかからの発現を装う指導国家（ボナパルティズムやファシズム）は否定すべきものである。しかし協同組合主義者は国家に無関心であったがゆえに、これらの偽民主主義体制にたいして対抗する国家理念とそれに基づく政治的統治方法を明確に打ち出すことができなかった。それゆえと言うべきか、それにもかかわらずと言うべきか、協同組合主義者のなかから、時代の権力によって反抗者・批判者として迫害された者が少なくない。

私は協同組合コミュニティの問題について、本年の秋から友人たちと再開する「第二次協同社会研究会」においてさらに具体的に提言していきたいと考えている。

末尾ながら、この著作の出版を承諾していただいた日本経済評論社のみなさんに感謝の言葉を申しあげる。私の原稿にたいしていただいた助言は、協同組合コミュニティの国家論を再考するきっかけとなった。編集者とは本づくりの演出家なのだと再認識した次第である。あらためてお礼を申しあげる。

二〇一二年六月二十四日

著　者

# 参考文献



## 序章

日本協同組合学会訳編『西暦二〇〇〇年における協同組合（レイドロー報告）』日本経済評論社、一九八九年。
A. F. Laidlaw; *Housing You Can Afford*, Green Tree Publishing Company Ltd., 1977.

## 第1章

P・デリック&ヒズ・フレンズ著／高橋芳郎・石見尚編『協同社会の復権――レイドロウ報告とP・デリック』日本経済評論社、一九八五年。

ジョニー・ソーンリー著／石見尚訳『職そして夢』批評社、一九八四年。

ヘンク・トマス、クリス・ローガン著／佐藤誠訳『モンドラゴン――現代生産協同組合の新展開』御茶の水書房、一九八九年。

ジョルジュ・フォーケ著／中西啓之・菅伸太郎訳『協同組合セクター論』日本経済評論社、一九九一年。

## 第2章

遠藤泰弘著『オットー・フォン・ギールケの政治思想――第二帝政期ドイツ政治思想史研究序説』国際書院、二〇〇七年。

ジョセフ・フーバー、ジェイムズ・ロバートソン著／石見尚・高安健一訳『新しい貨幣の創造――市民のための金融改革』日本経済評論社、二〇〇一年。

Frances Hutchinson and Brian Burkitt; *The Political Economy of Social Credit And Guild Socialism*, Routledge, 1997.
Diane Milburn; *The Deutschlandbild of A. R. Orage and the New Age Circle*, Peter Lang, 1996.
Otto Friedrich von Gierke; *Political Theories of the Middle Age*, Cambridge University Press, 1900.
カール・マルクス著／木下半治訳『フランスの内乱』岩波文庫、一九五二年。
ルソー著／平岡昇・根岸国孝訳『社会契約論』角川文庫、一九六五年。

**第3章**

ジョージ・ヤコブ・ホリヨーク著／協同組合経営研究所訳『ロッチデールの先駆者たち』協同組合経営研究所、一九六八年。
G・D・H・コール著／森晋監修・中央協同組合学園コール研究会訳『協同組合運動の一世紀』家の光協会、一九七五年。
Jenny Thornley; *Workers' co-operatives: jobs and dreams*, 1981.
James Robertson; *Transforming Economic Life: A Millennial Challenge*, Green Books, 1998.
Shann Turnbull; "Co-operative Land Banks," *The Living Economy: a New Economics in the Making*, Ed., Ekins, P., Routledge & Kegan Paul, 1986.

**第4章**

小倉武一・打越顕太郎監修『農協法の成立過程』協同組合経営研究所、一九六一年。

『日本協同組合新聞』（復刻版）御茶の水書房、一九八八年。

石見尚著『日本型ワーカーズ・コープの社会史——働くことの意味と組織の視点』緑風出版、二〇〇七年。

衆議院法制局「協同労働の協同組合法案（仮称）の概要と要綱」（ウェブ）。

**第5章**
石川信義著『心痛める人たち――開かれた精神医療へ』岩波新書、一九九〇年。

共同連機関誌『れざみ』。

堀利和著『共生社会論――障がい者が解く「共生の遺伝子」説』現代書館、二〇一一年。

田中夏子著『イタリア社会的経済の地域展開』日本経済評論社、二〇〇四年。

岡安喜三郎「イタリアの社会的協同組合の歴史と概要」（ウェブ）二〇一一年。

**第6章**
石見尚著『農系からの発想』日本経済評論社、一九九五年。
G・マクラウド著／中川雄一郎訳『協同組合企業とコミュニティ――モンドラゴンから世界へ』日本経済評論社、二〇〇〇年。

**第7章**
日生協創立五〇周年記念歴史編集委員会「現代日本生協運動史（下）」二〇一〇年。

中西典子「地域に根ざす生活協同組合の運動と事業をめぐる現状と課題」。

生協制度のみなおし検討会「生協制度の見直しについて」（案）。

田中秀樹「生協事業構造再編と労働力構成の変容」いのちとくらし研究所報第三一号。

石見尚著『日本型田園都市論』柏書房、一九八五年。

同『農系からの発想』日本経済評論社、一九九五年。

平野秀樹・安田喜憲著『奪われる日本の森――外資が水資源を狙っている』新潮社、二〇一〇年。

### 第8章

ウィリアム・F・フィッシャー、トーマス・ポニア編／加藤哲郎監修、大家定晴ほか監訳『もうひとつの世界は可能だ——世界社会フォーラムとグローバル化への民衆のオルタナティブ』日本経済評論社、二〇〇三年。

Jennifer Chan; *Another Japan Is Possible-New Social Movements and Global Citizenship Education*, Stanford University Press, 2008.

白本貞昭著『負けない「小」の挑戦——多品種小ロット生産の改革』日報出版、二〇〇四年。

佐藤慶幸著『アソシエーションの社会学——行為論の展開』早稲田大学出版部、一九九四年。

### 第9章

島田晴雄著『ヒューマンウェアの経済学』岩波書店、一九八八年。

経済産業省産業組織課「人的資産を活用する新しい組織形態に関する提案——日本版ＬＬＣ制度の創設に向けて」平成一五年。

湯浅勲著『林業経営力アップ！　痛快人材育成術』全国林業改良普及協会、二〇〇八年。

久保知行「人的資本と退職給付」退職給付ビッグバン研究会、二〇〇四年。

## 著者紹介

石見　尚（いわみ・たかし）

1925年生まれ。東京大学農学部卒業。全国指導農協連、国会図書館調査局国土交通課長、㈶農村開発企画委員会主任研究員・常務理事を経て、現在、日本ルネッサンス研究所代表。元東工大講師（非常勤）。農学博士。

主要著訳書：『新しい貨幣の創造——市民のための金融改革』（共訳、日本経済評論社）、『日本型ワーカーズ・コープの社会史——働くことの意味と組織の視点』（緑風出版）、『我々ハ犯罪者ニ非ズ——講座福本和夫論』（文芸社）ほか。

都市に村をつくる
——「協同組合コミュニティ」に根ざした国づくりのために

2012年9月25日　第1刷発行　定価（本体1800円＋税）

著　者　石　見　　尚
発行者　栗　原　哲　也

発行所　株式会社日本経済評論社
〒101-0051　東京都千代田区神田神保町3-2
電話　03-3230-1661　FAX　03-3265-2993
URL：http://www.nikkeihyo.co.jp/
印刷＊藤原印刷／製本＊根本製本

装幀＊渡辺美知子　写真：山岸勝彦／アフロ


ISBN978-4-8188-2218-4　C0036　乱丁・落丁本はお取り替えいたします。